POEMAS
CLÁSSICOS
CHINESES

LI BAI
DU FU
WANG WEI

POEMAS CLÁSSICOS CHINESES

Edição bilíngue

Tradução e organização de
SÉRGIO CAPPARELLI *e* SUN YUQI

Prefácio de LEONARDO FRÓES

www.lpm.com.br
L&PM POCKET

Coleção **L&PM** POCKET, vol. 1048

Texto de acordo com a nova ortografia.

Primeira edição na Coleção **L&PM** POCKET: junho de 2012
Esta reimpressão: 2016

Tradução: Sérgio Capparelli e Sun Yuqi
Capa: Ivan Pinheiro Machado sobre ideograma livre de "dragão"
Preparação: Jó Saldanha
Revisão: Guilherme da Silva Braga

CIP-Brasil. Catalogação na Fonte
Sindicato Nacional dos Editores de Livros, RJ

L659p

Li, Bai, 701-762
   Poemas clássicos chineses / Li Bai, Du Fu, Wang Wei; tradução e organização Sérgio Capparelli e Sun Yuqi; prefácio de Leonardo Fróes. – Ed. bilíngue. – Porto Alegre, RS: L&PM, 2016.
   240p. (Coleção L&PM POCKET ; v. 1048)

   Tradução do original em chinês
   Edição bilíngue
   ISBN 978-85-254-2647-5

   1. Poesia chinesa. I. Du, Fu. II. Wang, Wei. III. Capparelli, Sérgio. IV. Sun, Yuqi. V. Título. VI. Série.

12-1979.   CDD: 895.11
                                       CDU: 821.581-1

© da tradução e prefácio, L&PM Editores, 2012

Todos os direitos desta edição reservados a L&PM Editores
Rua Comendador Coruja, 314, loja 9 – Floresta – 90220-180
Porto Alegre – RS – Brasil / Fone: 51.3225.5777 – Fax: 51.3221.5380

Pedidos & Depto. comercial: vendas@lpm.com.br
Fale conosco: info@lpm.com.br
www.lpm.com.br

Impresso na Gráfica e Editora Pallotti, Santa Maria, RS, Brasil
2016

Sumário

Prefácio: A poesia como arte gestual – *Leonardo Fróes* 13

Li Bai 29

黄鹤楼送孟浩然之广陵 32
Adeus a Meng Haoran 33

送友人 34
Adeus a um amigo que parte 35

沙丘城下寄杜甫 36
A Du Fu, da aldeia de Shaqiu 37

宿五松山下荀媪家 38
Na casa da senhora Xun 39

秋浦歌 40
Canção do lago Qiupu 41

陌上赠美人 42
Beldade no caminho 43

长干行 44
Canto de Changgan 45

访戴天山道士不遇 48
Visita ao monge taoista 49

春夜洛城闻笛 50
Escutando uma flauta em Luoyang 51

静夜思 52
Pensamentos 53

题峰顶寺 54
O templo na montanha 55

山中问答 56
Diálogo sobre a montanha 57

望天门山..58
Contemplando o monte Tianmen 59

独坐敬亭山..60
Diante da montanha de Jingting 61

月下独酌四首（其一）..........................62
Bebendo sozinho ao luar 63

春日醉起言志 64
Acordando em um dia de primavera 65

早发白帝城 66
Deixando Baidi 67

春思 68
Pensamento da primavera 69

宣州谢朓楼饯别校书叔云 70
No quiosque de Xie Tiao: banquete de adeus ao
　　mandarim Yun, meu tio 71

古风（其九）..72
Antigo poema 73

玉阶怨 74
Lamento na escadaria de jade 75

铜官山醉后绝句 76
O monte Tong 77

沐浴子 78
Lavado e perfumado 79

望庐山瀑布 80
A cascata do monte Lu 81

子夜吴歌·秋歌 82
Canção de outono em Ziye 83

自遣	84
Bebendo sozinho	85
山中与幽人对酌	86
Bebendo com um amigo	87
长相思（其一）	88
Saudade demais	89
秋风词	90
Vento de outono	91
登金陵凤凰台	92
Subindo ao terraço da Fênix em Jinling	93
关山月	94
A lua na fronteira	95

Du Fu	96
房兵曹胡马	100
O cavalo bárbaro do oficial Fang	101
兵车行	102
Balada dos carros de guerra	103
前出塞九首（其六）	106
Servir na fronteira	107
月夜	108
Ao luar	109
悲陈陶	110
Lágrimas de Chentao	111
春望	112
Contemplando a primavera	113
对雪	114
Contemplando a neve	115

羌村三首（其一）..116
Na aldeia de Qiang (1) 117

羌村三首（其二）..118
Na aldeia de Qiang (2) 119

羌村三首（其三）..120
Na aldeia de Qiang (3) 121

曲江二首（其一）..124
O rio sinuoso (1) 125

曲江二首（其二）..126
O rio sinuoso (2) 127

望岳 128
Contemplando a Montanha Sagrada 129

石壕吏 130
O sargento recrutador de Shihao 131

月夜忆舍弟 134
Pensando nos meus irmãos ao luar 135

进艇 136
Passeio de barco 137

客至 138
Visita 139

百忧集行 140
Balada das cem preocupações acumuladas 141

春夜喜雨 142
Noite de primavera contente com a chuva 143

江畔独步寻花七绝句（其七）..............................144
Flores fugazes 145

绝句漫兴九首（其五）..146
Enchente 147

茅屋为秋风所破歌 148
Canção sobre minha cabana destruída pelo
　　vento de outono 149

楠树为风雨所拔叹 152
Balada do velho cedro 153

客亭 154
No quiosque do viajante 155

江村 156
Cidadezinha na beira do rio 157

闻官军收河南河北 158
Notícia da retomada da região de Henan-Hebei
　　pelas tropas governamentais 159

绝句二首（其一）.. 160
Três quadras (1) 161

绝句二首（其二）.. 162
Três quadras (2) 163

绝句四首（其三）.. 164
Três quadras (3) 165

秋野五首（其一）.. 166
O campo no outono (1) 167

秋野五首（其三）.. 168
O campo no outono (2) 169

暂往白帝复还东屯 170
Outono, no povoado do leste 171

缚鸡行 172
Balada das galinhas com peias 173

旅夜书怀 174
Pensamento numa noite de viagem 175

WANG WEI 176

欹湖 180
Lago Qi 181

送别 182
Despedida 183

鸟鸣涧 184
Pássaros cantando na ravina 185

答张五弟 186
Resposta ao meu irmão Zhang Wu 187

山居秋暝 188
Outono de tarde na montanha 189

山中 190
Na montanha 191

使至塞上 192
Missão na fronteira 193

观猎 194
A caça 195

临高台送黎拾遗 196
Alto Torreão 197

早秋山中作（后半部分）......... 198
Princípio de outono na montanha 199

皇甫岳云溪杂题五首·萍池 200
O lago das lentilhas-d'água 201

华子冈 202
O monte florido 203

木兰柴 204
O recanto das magnólias 205

杂诗（其二）..206
Você acaba de chegar do lugar onde nasci 207

鹿柴 208
O Parque dos Cervos 209

皇甫岳云溪杂题五首·鸬鹚堰. 210
O dique dos martins-pescadores 211

终南别业 212
Minha casa na montanha 213

戏题盘石 214
Escrito em um rochedo 215

竹里馆 216
No bambuzal 217

酬张少府 218
Resposta ao magistrado Zhang 219

秋夜独坐 220
Sozinho na noite de outono 221

终南山 222
As montanhas de Zhongnan 223

汉江临泛 224
Vista do rio Hanjiang 225

栾家濑 226
A torrente de Luan 227

孟城坳 228
A garganta de Mengcheng 229

临湖亭...230
Quiosque à beira d'água 231

白石滩 232
Leito de cascalho 233

渭川田家 234
Lavradores no rio Weichuan 235

新晴野望 236
Paisagem passada a limpo 237

相思 238
Saudade 239

Prefácio: A poesia como arte gestual

*Leonardo Fróes**

Servindo um pouco para tudo, e tendo assim papéis especiais a cumprir no jogo das relações sociais, a poesia se manifestou muito cedo e assumiu documentada importância em três dos cinco milênios de atividade humana na China. A palavra usada para nomeá-la, *shi*, composta de duas partes, significava na origem "linguagem do coração". Ao dar voz e realce à experiência emotiva, a poesia chinesa se revela uma atuante contraface da história, linguagem que se inclinou à razão e logo se cultivou com o mesmo empenho para ensinar a partir de exemplos.

Na mais antiga antologia do gênero, o *Shijing* (*Livro, Clássico* ou *Cânone de Poesia*, segundo algumas das traduções ocidentais existentes), uma parte é composta por canções populares. O governo central, já então reconhecendo que na alma do povo se extravasa uma força a ser escutada, incumbia-se de recolher essas canções pelos estados feudais, onde também se abastecia de estatísticas, dados de produção e fragmentos de história. Os outros poemas, mais ligados à esfera cortesã, são hinos que seriam cantados em cerimônias votivas, odes de exaltação a dinastas, denúncias políticas de difamação, versos

---

* Poeta, ensaísta e tradutor, autor de *Argumentos invisíveis* (Rocco, 1995) e *Chinês com sono seguido de Clones do inglês* (Rocco, 2005).

que registram festejos, caçadas, proezas de guerreiros heroicos ou, em número altamente expressivo, baladas e lamentos de amor.

Reportando-se ao começo da dinastia Zhou, por volta de 1100 a.C., anônimos e por certo manejados pela tradição oral coletiva, os poemas do *Shijing* datam de um tempo comparável ao dos salmos hebreus ou do *Rig Veda* hindu, dos quais se distinguem sobretudo por não terem conotações religiosas tão óbvias. São poemas que se voltam, muitas vezes com forte espírito crítico, para o simples exercício da condição humana.

A organização dessa antologia dos primórdios da poesia chinesa foi tradicionalmente atribuída a Confúcio (551-479 a.C.), que teria selecionado os 305 poemas que a integram em um total de cerca de 3.000 procedentes de várias regiões e períodos. Depois de utilizado pelo mestre na formação de seus discípulos, o *Livro de poesia* passou a ser fundamental na educação dos chineses, tornando-se um dos clássicos do cânone confuciano, junto com o *Livro das mutações (Yijing),* o das cerimônias ou *Ritos (Liji)* e o dos *Documentos históricos (Shujing)*, entre outros.

Muitos séculos mais tarde, quando a poesia chinesa houver chegado, com a dinastia Tang (618-907 d.C.), à sua fase de maior esplendor, temas e usos já presentes naquele marco do início ainda irão figurar no repertório, agora tipicamente autoral, da produção dos poetas. Nessa época, ocorreram importantes inovações formais, elevando-se a técnica das palavras pintadas a um nível de requinte até então nunca visto. Mas mesmo nos poemas de molde novo e grande apelo à invenção há motivos que replicam a tradição poderosa, provocados como sempre por ocasiões sociais. Visitas a amigos, caminhadas, retiros, despedidas, banquetes, cenas de exílio ou de missões em fronteiras – as próprias circunstâncias do cotidiano vivido induzem às criações da poesia, tal como havia acontecido na floração dos primórdios. Em dado momento, quando a paz dos Tang for quebrada por campanhas de conquista e distúrbios internos, a poesia voltará a usar argumentos críticos, como às vezes fizera diante de calamidades idênticas, contra os desmandos da política e os horrores da guerra.

Expoentes da poesia dos Tang, Li Bai (ou Li Po, 701-762), Du Fu (ou Tu Fu, 712-770) e Wang Wei (701-761) são, se a eles acrescentarmos o grande Bai Juyi (ou Po Chu Yi, 772-846), que vem logo a seguir, os poetas mais famosos da China e os mais traduzidos no Ocidente. O destaque a que chegaram demonstra a singular altura dos voos, porque a quantidade de poesia originária desse período áureo é espantosa. A monumental antologia da poesia dos Tang, organizada nos primeiros anos do século XVIII, por ordem do imperador, para reunir toda a produção do período, contém cerca de 50.000 poemas por 2.200 diferentes autores que tinham vivido quase mil anos antes.

Num percurso que se mede em milênios, é quase certo não haver outra poesia no mundo que, século após século, tenha sido tão vasculhada, comentada e analisada por seus próprios cultores quanto a poesia da China. A cada coletânea feita, e elas se sucederam à larga, novos comentários se agregam e novas interpretações são propostas. Formaram-se assim aos poucos, na escavação das montanhas de poemas escritos, rios e mais rios de tratados teóricos que acabariam por ter alguma influência sobre as novas composições criativas.

Comumente os poetas recorreram a alusões literárias, ou míticas, ou históricas, que eram parte do acervo reciclável de seu próprio passado, mais ou menos como a literatura europeia foi beber nas fontes cristãs e, depois do Renascimento, impregnou-se de alusões ao mundo greco-romano. A tendência da poesia chinesa a autorreferenciar-se criou um patrimônio de imagens que dificulta em muito a tradução, mas que na língua de origem, de tanto ser repetido em variações infinitas, tornou-se de entendimento geral. Um poema que fale de "poeira", por exemplo, pode estar se referindo às vaidades mundanas, assim como a expressão "vento da primavera" talvez signifique de fato, em determinado contexto, satisfação ou sucesso.

Da combinação de ideogramas, cada um trazendo em si seu potencial de metáfora, surgiram muitas expressões figuradas cujo uso se estratificou na poesia – e a tal ponto, em horas de fadiga ou marasmo, que ameaçou até sufocá-la na espontaneidade. Se alguém trabalha com lugares-comuns, com símbolos pelos quais já se espera, o risco do passadismo o persegue. Mas, na velha China, o modo de ativa circulação dos poemas, sua presença obrigatória e às vezes seu surgimento imprevisto em reuniões sociais, o interesse mantido pelas primeiras raízes, pelas formas do povo, parecem ter contribuído para que o zelo pela tradição não levasse a uma paralisia de termos. A China soube, quando ameaçada de morte, retroalimentar-se de vida. Além disso, seus maiores poetas estão entre os maiores do mundo, e o desapego de tudo, até das sombras do passado, faz parte dos toques sóbrios e sábios de suas pinceladas serenas.

Toma-se a época dos Tang pela de um classicismo chinês devido ao nível que a produção atingiu e porque então se estabeleceram formas fixas, com regras estritas sobre a alternância de tons e rimas, que iriam perdurar até o século XX. Todos os tipos de poesia, as formas, gêneros e subgêneros de uma classificação que tonteia, foram recenseados e codificados sob essa dinastia, que deu início, assim que se instalou, a uma fase de intensa criatividade e fulgor cosmopolita.

O país, antes por longo tempo dividido entre Norte e Sul, consolidou a reunificação já em curso e abriu o Grande Canal que interligou as metades. O comércio se acelerava e, num surto de dinamismo, a China também se abriu para as estepes da Ásia, de onde lhe chegaram migrantes, estudantes, peregrinos e homens de negócios, além de variadas influências benéficas à evolução das artes. A principal das duas capitais dos Tang, Chang'an, chegou a ter mais de um milhão de habitantes e era a maior cidade do mundo.

Nos exames imperiais, que davam acesso ao serviço público, às funções mais disputadas pelos letrados, a prova de poesia, obrigatória, era cercada de um rigor abissal. Além de conhecer a fundo o *Shijing*, a antologia de Confúcio, que às vezes decoravam na íntegra, os jovens candidatos tinham de analisar e escrever poemas, demonstrando domínio absoluto de toda a arte da escrita. À importância que lhe deram na seleção da elite do império corresponde a generalização da poesia pela sociedade dos Tang. Trocar poemas do próprio punho entre amigos, ou então como mensagens de amor, parabenizar ou incentivar alguém com poemas eram gestos corriqueiros de civilidade e bom gosto.

Dentro do estilo moderno – o que mais se desenvolveu sob os Tang e assim se chamou por oposição ao antigo, posto em segundo plano por ter regras menos rígidas –, a forma mais importante para a poesia clássica foi o *lüshi*. Sendo um poema rimado de oito versos com o mesmo número de sílabas, em geral cinco ou sete, equivaleria para nós a uma oitava. Além de alternar rimas finais, esse poema dito regular também seguia padrões obrigatórios para harmonizar em cada verso e em seus dísticos os quatro tons da língua oral. Pautada pelo inflexível esquema, concretamente a poesia se fazia música.

O *lüshi* desdobrou-se, por um lado, em poemas longos, como se em múltiplas estrofes. Por outro, encurtando-se à metade, deu origem à mais breve das formas, o *jueju*, para nós uma quadra, que se pode comparar ao *rubayat* dos persas e ao *hai-kai* japonês. Essa forma concisa, que encontrou em Li Bai, Du Fu e Wang Wei seus grandes mestres, os de influência mais nítida sobre os contemporâneos e os pósteros, causa a impressão profunda, hoje, de ser a pérola da China. É como se em direção ao *jueju* tivesse convergido o longo esforço dos séculos para cumprir a meta que imortaliza a poesia: dizer o máximo com o mínimo.

A língua chinesa, não se flexionando, dispõe de grande economia de meios. Os verbos não se conjugam, por exemplo, nem há grafias distintas para singular e plural. Como só existem monossílabos, a língua falada, que pode ser lida na literatura popular das sucessivas épocas, sempre recorreu a compostos, juntando dois ou mais caracteres para evitar confusões entre os incontáveis homófonos. Já a língua da poesia clássica, tal como caligrafada na era Tang, resume-se ao essencial e admite qualquer ambiguidade para realizar grandes sínteses.

Uma de suas características mais comentadas é basear-se no uso de "palavras cheias" (substantivos, verbos, números, ou seja, os dados da realidade concreta) e evitar o emprego de "palavras vazias" (preposições, artigos, conjunções, comparativos, partículas, ou seja, as que servem para organizar a frase). Se a isso se acrescenta, como se nota em particular no *jueju*, a omissão deliberada e frequente do sujeito da frase e seus eventuais pronomes, chega-se ao clima de impessoalidade difusa que esses poemas exalam. Cria-se a visão geral de um conjunto com a simples justaposição de elementos. Quando a natureza entra em causa, como costuma acontecer nesses casos, a experiência relatada nos leva a uma imprecisa fusão de sentimento e paisagem, como se diante da imensidade do todo a diferença suposta entre quem vê e o que é visto não importasse muito.

Tomada a natureza como espelho do cosmo, desenvolveu-se outra linha da poesia chinesa que, paralelamente à da sociabilidade e à da crítica ou denúncia dos desatinos do mundo, buscou refúgio na solidão meditativa. Aqui, o poeta apenas sugere e, quando se esquiva a dizer tudo, o resto deve estar por trás das palavras. Como em tantas tradições contemplativas, a poesia se converte em disciplina ou ascese, capaz de levar seu praticante a altos graus de percepção e atenção ao escrevê-la. A poesia do recolhimento não foi necessariamente na China uma produção de eremitas. Mas poetas dos mais distintos períodos – quer marcados por convulsões ou guerras, quer pela aparência de paz e luxo das cortes – reportam-se à satisfação que encontravam quando se afastavam do mundo para saborear a existência.

Nas teorias estéticas elaboradas na China, há uma noção recorrente sobre o sopro vital que tanto se aplicou à pintura, vista em princípio como poesia em silêncio, quanto às composições com ideogramas, quadros de sonoridades regradas. A primeira função da obra de arte, segundo a teoria do sopro, é repor seu criador em contato com o fluir do universo. O ritmo que daí lhe advém, captado no abandono ao instante, circulará por toda a obra para preenchê-la de vida. Se o sujeito sai de cena, feita a elipse dos pronomes, nele se interiorizam os elementos externos, deixando-se então às coisas, reveladas na essência, falar por seu intermédio.

Desde os primeiros séculos da Era Cristã, quando fases repetidas de violência e anarquia, como a da divisão em três reinos combatentes, se generalizaram pelo país, o taoismo de origem local e o budismo importado da Índia penetraram a fundo na sociedade chinesa, onde os desdobramentos da insatisfação social abriam nichos bem favoráveis à propagação de suas crenças. Já na virada dos séculos IV e V, surge Tao Qian (ou Tao Yuanming, 365-427), um poeta que é lembrado como grande até hoje por romper com as convenções, abster-se de política, valorizar os gestos espontâneos e louvar a simplicidade de sua vida de recluso no campo. No que dele nos ficou, um prenúncio da vasta difusão desses temas em textos posteriores, acham-se também elogios às virtudes do vinho.

Na poesia de imersão na natureza, que assumiria laivos libertários, é comum admitir-se a influência das visões do taoismo, o mais aberto dos três sistemas que entraram no caldeirão chinês. Mas budismo e taoismo, apesar de concorrerem como sistemas rivais a angariar adeptos, têm no fundo pontos de conexão ou tangência e não raro tiveram preceitos seus misturados na mentalidade do povo. Na época de Tao Qian, a presença do budismo se notava forte na China pela existência de milhares de templos, primores arquitetônicos que espalhavam por toda parte a beleza de sua arte sagrada. Dois séculos depois, no início do classicismo dos Tang, o budismo estava tão implantado que chegou à maturidade do *chan*, o mais original de seus vários ramos chineses, que se estendeu para outras terras e veio a ser o *zen* japonês.

Atingida a fase de decadência dos Tang, se somarmos outros dois séculos, o budismo há de revelar tal poder, inclusive econômico, com seus cofres de riquezas herdadas e legiões de escravos em suas terras rentáveis, que acabará por ser perseguido, proibido e saqueado pela corte afundada em tribulações financeiras. Entre 841 e 845, anos durante os quais vigorou a proibição de religiões estrangeiras, 4,6 mil mosteiros e um número dez vezes maior de capelas e santuários budistas foram postos abaixo ou destinados a ter outras funções, enquanto os monges, expulsos de seus domínios, eram forçados a voltar à vida civil.

Malgrado o golpe, as visões do budismo já se enlaçavam com as dos sistemas nativos, o do *tao* e o de Confúcio, para dar à vida e à arte chinesas as cores intercambiáveis do seu sincretismo de enfoques. Nos mananciais de lendas e contos populares, que passariam a ter grande divulgação e importância, temas de reencarnação, de sobrenatural, de magia aliaram-se assim a um receituário de exemplos para bem viver a vida na Terra, com suas limitações e problemas. É difícil e talvez seja inútil saber de qual das vertentes – das três principais, pois há outras a coadjuvá-las – provêm os ingredientes mesclados na criação de cultura. Sabemos que sob os Tang o *chan* falou muito de perto aos artistas; que o arcabouço da administração confuciana incrementava a poesia por incluí-la em seu cânone, tratando-a como saber necessário à eficiente formação de um homem; e que os voos do taoismo se abriam para impulsos românticos. Com base nisso, constata-se um frequente depósito de princípios gerados no hibridismo que a literatura aproveita, como o autocontrole, a tolerância, a benevolência, a compaixão, a paciência, o respeito pelas pessoas e as coisas – e audácias de penetração no invisível.

A noção de que o ritmo (o sopro) é o princípio de tudo, e de que ele servirá de sintaxe para interligar os sentidos, confere à poesia da China seu caráter de arte gestual. É a caligrafia que dá corpo ao poema, tendo ela em si, já na feição que os traços assumem, a capacidade de fixar estados de espírito: na mão do poeta, enquanto ele raciocina em palavras que têm de adaptar-se a uma forma, o pincel vai circular entre relaxamento e tensão, delicadeza e vigor, para constituir seu dizer. Subordinando-se ao ritmo primordial, do qual se faz um instrumento, o poeta "captará assim o que há gerações espera por seu pincel", como escreveu um autor do século III, Lu Ji (261-303), famoso por descrever as nuvens como folhas de jade. Poesia, caligrafia e pintura são a rigor faces da mesma arte, não estando as três compartimentadas, e às vezes um mesmo artista, caso de Wang Wei, se destaca como mestre em todas.

Compreende-se pois que, em conjunção com a poesia, também a arte caligráfica tenha chegado sob os Tang ao máximo de seu esplendor. E isso em grande parte por obra do imperador Xuanzong, que reinou a partir de 713 nos momentos mais brilhantes dessa dinastia, quando a prosperidade econômica e a animação cultural, deixando "desabrochar as cem flores", levaram a literatura e a arte a experimentações e aventuras. Para o estudo da caligrafia em minúcias, sua promoção em larga escala e a classificação dos estilos, Xuanzong contou com o apoio de uma academia de letrados que ele mesmo fundou e abrigava em seu palácio. Era um conhecedor da matéria, um adorador de Wang Xizhi, calígrafo do século IV tido como o supremo mestre do traço, e não poupou esforços nem dinheiro para reunir um tesouro que chegou até nós: vastas coleções caligráficas garimpadas nas áreas de produção mais intensa.

Para complicar ao infinito a criação literária, a poesia da China, que vislumbramos como pintura a traços, fez-se além disso pela harmonia entre os sons e às vezes era cantada, sendo portanto também obra de música. A da era clássica, toda pautada por regras para harmonizar tons e rimas, de fato até já foi vista como escrita cantada ou canto escrito. Considera-se que, por esse aspecto, a poesia mais cheia de requintes ainda guarde um vestígio das origens remotas, ligando-se à dança dos ritos, aos gestos do trabalho no campo, ao ritmo ininterrupto do "império do meio" que canta.

Também sob os Tang, cujo poder cobriu três séculos, surgiu um importante gênero novo, o *ci*, mais livre na extensão de seus versos, se bem que igualmente farto, como as criações dos letrados, em regras para efeitos sonoros. O *ci* é comparável, de certo modo, às nossas letras de música, pois as palavras tinham de encaixar-se em melodias já prontas, e se valeu de inspirações originárias de regiões da Ásia Central.

Cantados em cabarés por mulheres, sedutores pelos timbres exóticos, os poemas desse tipo têm espírito coloquial e jocoso, ressaltando-se neles, por força de sua origem, a predominância de temas femininos. Para alguns sinólogos, a poesia dos bairros de diversão influiu para renovar a bom tempo a arte das palavras, porque a poesia culta das formas fixas, pela altura do século X, já estaria em fase de exaustão de recursos, depois de haver explorado todas as ideias e temas que o passado tão fértil lhe trazia.

Poemas para serem cantados tornaram-se cada vez mais comuns. O *ci*, que nascera nas ruas como canção popular, estabeleceu-se como gênero nobre, aceito pela tradição dominante, e foi escrito também pelos letrados. No século XII, já sob a dinastia Song, esse gênero atingiu a perfeição, fixando por sua vez outra promissora linhagem de poesia cantada, que abrangeria formas como o *sanqu*, constituído no tempo da invasão dos mongóis (1250-1276) para se prolongar muito além.

Nessa época em que a influência islâmica, disseminada pelos invasores, somou-se às correntes em longa atuação no país, Pequim se consolidou como centro de produção de cultura. Toda a multifacetada literatura chinesa, desde a poesia erudita aos deliciosos contos licenciosos, beneficiava-se então à larga da difusão da imprensa, cujas primeiras tentativas, com o emprego de tipos de madeira, terracota ou estanho já datavam de dois séculos. Ao mesmo tempo, a poesia cantada se imbricava com as manifestações do teatro.

Parece estranho que um poeta chinês, para falar com a simplicidade dos mestres, tirando ideias de um patrimônio comum e usando palavras triviais que ainda hoje são correntes na língua, tivesse de enquadrar seu discurso na rígida moldura das regras. Mas a função do enquadramento seria justamente preparar o poeta, no jogo de sensações que o envolvia, para o trabalho mais árduo de entender, controlar seus impulsos e partir para o voo. Por outro lado, as teorias estéticas locais, descobertas, retomadas, revistas, alargadas, discutidas num processo sem fim, sempre propuseram soluções provisórias para contradições aparentes. Como a tradição autoriza, aplique-se à poesia chinesa, nesse caso, um raciocínio de artista. No século XVII, o pintor Shitao (1642-1707), autor de célebres paisagens, abordou sucintamente a questão ao escrever num tratado: "Disse-se que o homem perfeito é sem regras, o que não quer dizer que não tenha regra, mas que sua regra é a ausência de regras, o que constitui a regra suprema. Tudo aquilo que possui regras constantes deve também, necessariamente, ter modalidades variáveis. Se há regra, é preciso que haja mudança. Partindo do conhecimento das constantes, é possível dedicar-se a modificar as variáveis. A partir do momento em que se conhece a regra, é preciso aplicar-se em transformar".

BIBLIOGRAFIA

CARRÉ, Patrick e BIANU, Zéno (trad., introd. e notas). "La Montagne vide" In: *Anthologie de la poésie chinoise (IIIe.-XIe. siècle)*. Paris: Albin Michel, 1987.

CHENG, François. *L'Écriture poétique chinoise suivi d'une anthologie des poèmes des T'ang*. Paris: Seuil, 1982.

DU FU. *A Life in Poetry*. Trad., introd. e notas David Young. Nova York: Knopf, 2010.

EBREY, Patricia Buckley. *The Cambridge Illustrated History of China*. Cambridge: Cambridge University Press, 1999.

FAIRBANK, John King. *China, A New History*. Cambridge, Massachusetts/Londres: The Belknap Press of Harvard University Press, 1992.

GERNET, Jacques. *O mundo chinês*: uma civilização e uma história. Trad. José Manuel da Silveira Lopes. Lisboa/Rio de Janeiro: Edições Cosmos, 1974 [vol. 1] e 1975 [vol. 2].

_____. *A vida quotidiana na China nas vésperas da invasão mongólica (1250-1276)*. Trad. Bruno da Ponte. Lisboa: Edição Livros do Brasil, s/d.

GRANET, Marcel. *O pensamento chinês*. Trad. Vera Ribeiro, revista por César Benjamin. Rio de Janeiro: Contraponto, 1997.

GIRARD, Anne-Hélène Suárez (org., trad. e introd.). *111 cuartetos de Bai Juyi*. Madri: Editorial Pre-Textos, 2003.

_____ (org., trad. e introd.). *99 cuartetos de Wang Wei y su círculo*. Madri: Editorial Pre-Textos, 2000.

JAEGER, Georgette (trad., introd. e notas). *L'Anthologie de trois cents poèmes de la dynastie des Tang*. Pequim: Société des Editions Culturelles Internacionales, 1987.

JENNINGS, William (trad., introd. e notas). *The Shi King:* The Old Poetry Classic of the Chinese. Nova York: Paragon Book Reprint, 1969 [reprodução da ed. original de Londres, 1891].

LÉVY, André. *Chinese Literature, Ancient and Classical*. Trad. William H. Nienhauser, Jr. Bloomington/Indianapolis: Indiana University Press, 2000.

_____. *Dictionnaire de littérature chinoise*. Paris: Quadrige/PUF, 2000.

LI Po; TU Fu. *Poems*. Sel., trad., introd. e notas Arthur Cooper. Harmondsworth: Penguin Books, 1986.

OUYANG Zhongshi e WEN C. Fong (org.). *Chinese Calligraphy*. Trad. Wang Youfen. New Haven/Pequim: Yale University Press/Foreign Languages Press, 2008.

PIMPANEAU, Jacques. *Chine, Histoire de la littérature*. Arles: Philippe Picquier, 1997.

PINE, Red (trad., introd. e notas). *Poems of the Masters:* China's Classic Anthology of T'ang and Sung Dynasty Verse. Port Townsend, Washington: Copper Canyon Press, 2003.

POUND, Ezra (trad.). *The Classic Anthology defined by Confucius*. Londres: Faber and Faber, 1974.

RACIONERO, Luís (org. e introd.). *Textos de estética taoísta*. Trad. Alberto Clavería. Barcelona: Barral Editores, 1975.

RYCKMANS, Pierre. *As anotações sobre pintura do Monge Abóbora-Amarga* [Shitao]. Trad. Carlos Matuk, Giliane Ingratta e Tai Hsuan-An. Campinas: Editora da Unicamp, 2010.

TAI Hsuan-An. *Ideogramas e a cultura chinesa*. São Paulo: É Realizações Editora, 2006.

VARSANO, Paula M. *Tracking the Banished Immortal*. In: *The Poetry of Li Bo and Its Critical Reception*. Honolulu: University of Hawai'i Press, 2003.

WALEY, Arthur (trad. e introd.). *One Hundred and Seventy Chinese Poems*. Londres: Constable & Co. Ltd, 1962.

WANG Wei. *Poems*. Trad., introd. e notas G.W. Robinson. Harmondsworth: Penguin, 1989.

_____. *Le plein du vide*. Trad. e introd. Cheng Wing Fun e Hervé Collet. Millemont: Moundarren, 1986.

YANG Xianyi; YANG, Gladys (org., trad. e notas). *Poetry and Prose of the Tang and Song*. Londres: Panda Books, 1990.

ZONG-QI Cai (org.). *How to Read Chinese Poetry: A Guided Anthology*. Nova York: Columbia University Press, 2008.

Li Bai

Li Bai (701-762) viveu durante a dinastia Tang (618-907), considerada a época de ouro da poesia clássica chinesa. Os estudiosos consideram que a cultura da China como um todo teve seu apogeu alguns séculos depois, durante a dinastia Song. Mas não na poesia, em suas duas vertentes: a romântica, com o próprio Li Bai, e a realista, com Du Fu (712-770). E ninguém melhor do que o próprio Du Fu para falar sobre a poesia de Li Bai: "As suas pinceladas amedrontam o vento e a chuva,/e suas poesias fazem chorar espíritos e demônios". Até o realista Du Fu exalta-se quando se trata da poesia de Li Bai. E não apenas Du Fu. Quando Li Bai, aos 42 anos, foi para Chang'an, a capital da China na época, com cerca de dois milhões de habitantes, sua poesia foi logo reconhecida. E He Zhizhang, secretário-geral da Corte, ele mesmo poeta, disse que Li Bai certamente era um "imortal exilado" na terra. Ele referia-se à crença taoista de que um imortal que não se comporta bem no céu é condenado a viver na terra por um período, e nesse exílio, imortal que é, realiza feitos extraordinários. Por isso Li Bai sempre foi conhecido na China como um poeta imortal.

Espírito inquieto, ele tinha grandes ambições, mas sua inquietude, sua incessante busca de liberdade, seu espírito aventureiro e sua irreverência não se adequavam ao espírito da Corte. Teve de se afastar. Porque estava cansado do ambiente corrupto e superficial.

Deixou mais de novecentos poemas sobre a natureza, a amizade, a solidão, a passagem do tempo, as viagens por paisagens imaginárias e poemas de inspiração taoista. Devido ao seu amor pela bebida, vem logo à mente do leitor a comparação com Dylan Thomas, Baudelaire ou Rimbaud, mas no caso de Li Bai, o vinho avança pelos poemas na busca do hedonismo taoista e de libertação: "Ainda estou sóbrio; que a festa prossiga! Bêbados, cada um pelo seu caminho!"

Nos seus poemas, comparece também o amor pela pátria e a defesa das fronteiras, como no poema em que o luar banha a cidade de Chang'an e o leitor ouve o bater de roupa em dez mil casas, com todos os corações voltados na direção do Passo de Jade, se perguntando quando os bárbaros serão enfim vencidos, deixando assim que os maridos possam voltar para casa.

No segundo período de sua poesia, fora da Corte e no meio de uma guerra civil provocada pela rebelião de An Lushan, que começou em 755 e foi até 763, seus versos mostram uma tensão nova: a de querer se afastar da vida pública e viver isolado nas montanhas e, ao mesmo tempo, o desejo de fazer alguma coisa pelo seu país e por sua poesia. Seus poemas soam mais amadurecidos, mais condensados e mais sugestivos: "Cobre-se de geada a escadaria de jade/ O frio úmido da noite entranha em suas meias de seda/ Ela solta o cortinado e através dos cristais translúcidos/ contempla a lua de outono".

A explicação desse desejo de ser reconhecido pode ser encontrada em sua biografia. O pai de Li

Bai era comerciante, em um tempo em que quem vivia do comércio era discriminado. Some-se a isso o fato de Li Bai ter nascido numa região da China distante do centro de poder, em uma pequena localidade situada onde é hoje o Cazaquistão.

Nessa época, ser bem-sucedido no comércio não significava ser aceito na sociedade. Foi por isso que quando jovem não se interessou pelos ambientes nos quais era discriminado e saiu a viajar pela China, cavaleiro errante com seus poemas nos alforjes. Queria compreender que país que era o seu. Por desdenhar a vida regrada, nunca se candidatou aos exames imperiais, porta de entrada para os cargos públicos e para a vida literária e artística. Mas um dia voltou atrás. Foi para Chang'an. Também ele sabia que as pessoas e as instituições legitimadoras da poesia estavam na capital chinesa.

No entanto, logo se deu conta de que seu estilo de vida batia de frente com o pensamento confuciano, predominante na administração imperial. A doutrina de Confúcio exigia disciplina e respeito dentro da hierarquia, enquanto sua vida se pautava pelo hedonismo, pelo desprezo às convenções, pelo desejo de liberdade e por ter o espírito livre. Nas suas próprias palavras: "Como posso baixar a cabeça e me inclinar a serviço dos senhores do poder, se a alegria logo foge do meu coração e do meu rosto?"

黄鹤楼送孟浩然之广陵

故人西辞黄鹤楼，
烟花三月下扬州。
孤帆远影碧空尽，
惟见长江天际流。

ADEUS A MENG HAORAN

A oeste do pavilhão da Grua Amarela,
    despedimo-nos, velho amigo.
Entre as flores e a bruma de março,
    desces rumo à aldeia de Yang.
A vaga silhueta de tua solitária vela
    desaparece no espaço esmeralda,
e só resta o Grande Rio
    a correr para os confins do céu.

送友人

青山横北郭,白水绕东城。
此地一为别,孤蓬万里征。
浮云游子意,落日故人情。
挥手自兹去,萧萧班马鸣。

ADEUS A UM AMIGO QUE PARTE

As montanhas azuladas
    bordejam as muralhas ao norte.
A água cristalina
    contorna as muralhas ao leste.
Nesse lugar
    nos separamos.
Você, erva errante,
    por milhares de *li*.*
Nuvem flutuante,
    humores vagabundos,
o sol que se vai,
    velhos amigos que se afastam,
nós dois nos acenando
    na hora da partida.
E mais uma vez relincham
    os nossos cavalos.

---

* Medida chinesa, correspondente a 0,5 km.

沙丘城下寄杜甫

我来竟何事?高卧沙丘城。
城边有古树,日夕连秋声。
鲁酒不可醉,齐歌空复情。
思君若汶水,浩荡寄南征。

A Du Fu, da aldeia de Shaqiu

Enfim, por que
   estou aqui?
Vivo retirado
   na aldeia de Shaqiu.
Ao pé das muralhas,
   apenas árvores seculares.
Nelas, dia e noite,
   a voz do outono.
O vinho de Lu
   não chega
a me deixar bêbado
   e os cantos comoventes de Qi*
não tocam mais
   meu coração.
Minhas saudades
   são como as correntes
do rio Wen,
   apressadas, sem descanso,
rumo ao sul.

---

* Lu e Qi eram reinos na China, na fase que precedeu sua unificação, em 221 a.C.

宿五松山下荀媪家

我宿五松下,寂寥无所欢。
田家秋作苦,邻女夜舂寒。
跪进雕胡饭,月光明素盘。
令人惭漂母,三谢不能餐。

NA CASA DA SENHORA XUN

Hospedo-me
    ao pé da montanha dos Cinco Pinheiros.
Profunda solidão
    e nada para me alegrar...
Rude é o trabalho
    dos camponeses
    no outono.
Ouço a mulher
    da fazenda vizinha
    socar o trigo,
    na noite fria.
A mulher que me hospeda se ajoelha
    para me oferecer
    uma tigela de arroz.
Os grãos brilham
    como pérolas
    sob a lua.
Perturbado,
    eu me lembro daquela lavadeira
    que ofereceu ao seu visitante*
    uma tigela de arroz.
Agradeço uma, duas, três vezes,
    não, obrigado, não posso aceitar.

---

* Quando o marquês de Huaiyin, da dinastia Han (202 a.C.-220 d.C.), ainda era pobre e desconhecido, uma mulher lhe ofereceu uma tigela de arroz.

秋浦歌

白发三千丈,
缘愁似个长。
不知明镜里,
何处得秋霜!

Canção do lago Qiupu

Cabelos brancos,
    compridos...
Longos assim,
    só tristeza e sofrimento.
No brilho do espelho,
    de onde vem
essa geada branca,
    no outono?

陌上赠美人

骏马骄行踏落花,
垂鞭直拂五云车。
美人一笑褰珠箔,
遥指红楼是妾家。

BELDADE NO CAMINHO

O cavalo
    empertigado
    marcha sobre as flores
    caídas.
Meu relho no ar
    roça as nuvens.
Bela, a menina
    que abre a cortina de pérolas
aponta, ao longe,
    com um sorriso,
a casa vermelha:
    "É lá que eu moro".

长干行

妾发初覆额,折花门前剧。
郎骑竹马来,绕床弄青梅。
同居长干里,两小无嫌猜,
十四为君妇,羞颜未尝开。
低头向暗壁,千唤不一回。
十五始展眉,愿同尘与灰。
常存抱柱信,岂上望夫台。

Canto de Changgan*

Mal minha franja
   cobria minha fronte,
eu brincava com flores
   colhidas diante da porta.
Com seu cavalo de bambu, você vinha
   e nos divertíamos
   em volta do poço
   e no pomar,
   onde as ameixas amadureciam.
Assim, juntos, em Changgan
   crescemos:
duas crianças que não conheciam
   a desconfiança e a raiva.
A partir dos quatorze,
   me tornei sua mulher.
Tímida, tão tímida,
   nem mesmo ousava sorrir,
os olhos sempre baixos,
   voltados para os cantos escuros.
Mil vezes você me chamava,
   mas eu nunca respondia.
Aos quinze deixei de franzir
   as sobrancelhas.
Eu e você queríamos
   nos transformar em um,
   como cinza e poeira.

Eu acreditava em você como alguém
   que espera sua namorada
   embaixo da ponte,
   apesar das águas agitadas.

---

* Povoado ao sul de Nanjing.

十六君远行,瞿塘滟滪堆。
五月不可触,猿声天上哀。
门前迟行迹,一一生绿苔。
苔深不能扫,落叶秋风早。
八月蝴蝶黄,双飞西园草。
感此伤妾心,坐愁红颜老。
早晚下三巴,预将书报家。
相迎不道远,直至长风沙。

Por que eu pensaria
 na colina onde as mulheres aguardam
 o retorno dos seus maridos?
Quando fiz dezesseis anos,
 você partiu para longe,
para a garganta do rio Qutang,
 onde se ergue o monte Yanyu.
É maio, por favor, cuide-se
 no caminho, entre rochas.
Os guinchos pungentes dos macacos
 sobem ao céu.
Diante de casa,
 marcas antigas de seus passos,
 cobertas
 de espesso limo.
Eu não consigo
 varrê-las!
E também as folhas
 tocadas fora de época pelo vento.
No oitavo mês,
 as borboletas vestem-se de amarelo.
Aos pares,
 voam sobre a erva
 do jardim do Oeste.
Tudo isso deixa triste meu coração,
 ao ver a primavera
 partir assim tão depressa.
Cedo ou tarde, quando você
 regressar, vindo pelo rio,
escreva-me antes uma carta,
 por favor.
Irei ao seu encontro,
 sem medo da distância,
pela estrada longínqua,
 até o porto
dos areais do Vento Sem Fim.

访戴天山道士不遇

犬吠水声中,桃花带露浓。
树深时见鹿,溪午不闻钟。
野竹分青霭,飞泉挂碧峰。
无人知所去,愁倚两三松。

VISITA AO MONGE TAOISTA

Os latidos do cão se perdem
    no barulho da água
    de depois da chuva.
A flor do pessegueiro
    cobre-se de orvalho.
No fundo da floresta,
    vez em quando,
    aparece um cervo.
Perto da torrente,
    ao meio-dia,
    sinos emudecidos.
A ponta fina dos bambus perfura
    a névoa azulada.
A cascata se agarra
    ao pico esmeralda.
Ninguém sabe dizer
    aonde ele foi,
e eu aqui, triste,
    apoiado
ao tronco do pinheiro.

春夜洛城闻笛

谁家玉笛暗飞声,
散入春风满洛城。
此夜曲中闻折柳,
何人不起故园情。

ESCUTANDO UMA FLAUTA EM LUOYANG

Quem faz soar essa flauta,
    tocando em algum lugar,
e espalhando essa melodia
    que a brisa da primavera
leva até o povoado de Luo?
    Quem, nesta noite,
ouvindo essa canção antiga,
    percorrendo os galhos do salgueiro
deixaria de pensar
    no seu país natal?

静夜思

床前明月光,
疑是地上霜。
举头望明月,
低头思故乡。

PENSAMENTOS

Diante de minha janela,
    o brilho do luar.
Ou é a geada
    cintilando no chão?

Ergo a cabeça
    e contemplo a lua.
Baixo a cabeça,
    saudades de minha terra natal!

题峰顶寺

夜宿峰顶寺,
举手扪星辰。
不敢高声语,
恐惊天上人。

O TEMPLO NA MONTANHA

Passo a noite
    no Templo da Montanha.
Se estender a mão,
    posso tocar as estrelas,
mas falar não ouso:
    tenho medo de incomodar
os que moram no céu.

山中问答

问余何意栖碧山,
笑而不答心自闲。
桃花流水窅然去,
别有天地非人间。

Diálogo sobre a montanha

Há quem pergunte
    por que vivo
    nestas verdes colinas.
Sem responder, sorrio,
    de coração sereno,
enquanto as flores de pessegueiro
    flutuam na água.
Tudo vai embora, tudo se apaga.
    Aqui é outra, a terra,
e outro, o céu.
    Nada parecido
com o mundo dos humanos
    lá embaixo.

望天门山

天门中断楚江开,
碧水东流至此回。
两岸青山相对出,
孤帆一片日边来。

CONTEMPLANDO O MONTE TIANMEN

Parece que o monte Tianmen
    partiu-se, de propósito, em dois,
    só para deixar correr
    o Grande Rio.
As águas verdes
    que se dirigiam para o leste
    voltam-se aqui, rápidas, para o norte.
As duas falésias azuis
    nas margens
    erguem-se,
e lá embaixo
    um resto de sol ilumina
um barco solitário
    nas águas ensombradas.

独坐敬亭山

众鸟高飞尽,
孤云独去闲。
相看两不厌,
只有敬亭山。

Diante da montanha de Jingting

Os pássaros
 já partiram todos.
Mesmo a nuvem solitária
 afasta-se ao longe.
E nós, minha montanha,
 ficamos aqui, os dois, sozinhos,
a nos contemplar
 um ao outro
sem nos cansar jamais.

月下独酌四首（其一）

花间一壶酒，独酌无相亲。
举杯邀明月，对影成三人。
月既不解饮，影徒随我身。
暂伴月将影，行乐须及春。
我歌月徘徊，我舞影零乱。
醒时同交欢，醉后各分散。
永结无情游，相期邈云汉。

Bebendo sozinho ao luar

Entre as flores,
 um jarro de vinho:
 bebo sozinho.
Ergo o copo,
 convido a lua;
ela, minha sombra e eu
 já somos três.
Mesmo que a lua
 não saiba beber
e que minha sombra
 em vão me acompanhe,
alegro-me
 festejando a primavera
 neste instante.

Eu canto,
 a lua me acompanha.
Eu danço,
 e minha sombra tropeça
 e me estende o braço.
Ainda estou sóbrio:
 que a festa prossiga!
Bêbados,
 cada um pelo seu caminho!
Ligados para sempre,
 simples amigos,
na Via Láctea
 uns aos outros
nos reencontraremos.

春日醉起言志

处世若大梦,胡为劳其生。
所以终日醉,颓然卧前楹。
觉来盼庭前,一鸟花间鸣。
借问此何时,春风语流莺。
感之欲叹息,对酒还自倾。
浩歌待明月,曲尽已忘情。

ACORDANDO EM UM DIA DE PRIMAVERA

Sonhar viver? Viver um sonho?
    Por que se preocupar?
Viver sempre bêbado,
    dormir o resto do tempo.
É o que faço. Ao acordar
    vi um pássaro cantando entre as flores.
Quis saber: "Que dia é hoje?"
    "Primavera", responderam.
"O corrupião canta." Suspirei.
    Aquele canto me tocou
e me servi um copo.
    Cantei, esperando
que a lua aparecesse.
    No fim de minha canção,
estava tudo esquecido.

早发白帝城

朝辞白帝彩云间,
千里江陵一日还。
两岸猿声啼不住,
轻舟已过万重山。

DEIXANDO BAIDI

Das altas muralhas de Baidi,
 pelas cores da aurora,
até Jiangling, ao cair da noite,
 são cem léguas;
e os macacos, nas duas margens,
 guincham sem parar,
enquanto meu barco avança
 entre mil montanhas.

春思

燕草如碧丝,
秦桑低绿枝。
当君怀归日,
是妾断肠时。
春风不相识,
何事入罗帏。

PENSAMENTO DA PRIMAVERA

Nos desfiladeiros do Norte,
    timidamente despontam
    os brotos de erva.
Ao sul, os ramos das amoreiras
    já se vergam
    sob as verdes folhas.
Toda vez que você sonha em voltar,
    parte-se meu coração,
    e para o norte me volto.
Brisa da primavera,
    eu bem te conheço:
como ousas te insinuar
    por trás das cortinas
    de meu leito?

宣州谢朓楼饯别校书叔云

弃我去者,
昨日之日不可留;
乱我心者,
今日之日多烦忧。
长风万里送秋雁, 对此可以酣高楼。
蓬莱文章建安骨, 中间小谢又清发。
俱怀逸兴壮思飞, 欲上青天揽明月。
抽刀断水水更流, 举杯销愁愁更愁。
人生在世不称意, 明朝散发弄扁舟。

No quiosque de Xie Tiao: banquete de adeus ao mandarim Yun, meu tio

O que foi se distancia
 e não posso reter;
o presente me atormenta,
 pesado de angústias.
Ao longo de dez mil *li*,
 o vento escolta
 os gansos selvagens.
No alto do pavilhão,
 nós dois, a beber!
Quanta pureza nos escritos
 dos criadores imortais
do período de Peng Lai* e Jian'an,
 e do poeta Xie Tiao,
no frescor de seus versos...
 Homens livres, soberbos,
de sonhos sem limites:
  subir ao azul,
 pegar a lua com as mãos!
Com a espada,
 cortar a água:
 ela correrá mais bela.
Um brinde,
 para afogar tristezas:
elas emergem,
 mais vivas.
Nada que possa responder
 aos nossos desejos neste mundo.
De madrugada,
 de cabelos soltos,
pelo rio, ao léu.

---
* Lugar imaginário, feérico, na crença taoista.

古风(其九)

庄周梦胡蝶,胡蝶为庄周。
一体更变易,万事良悠悠。
乃知蓬莱水,复作清浅流。
青门种瓜人,旧日东陵侯。
富贵故如此,营营何所求。

ANTIGO POEMA

Zhuangzi* sonhou
 que era uma borboleta
ou a borboleta sonhou
 que era Zhuangzi?

Se uma criatura é capaz
 de em outra se transformar,
torna-se o mundo
 uma metamorfose sem fim.

Se o oceano de Peng Lai
 tornar-se novamente
um límpido riacho,
 por que se espantar?

E o que importa,
 se nas portas da cidade
quem cultiva melões
 foi um dia o marquês de Dongling**?

De riqueza e honrarias
 nós sempre gostamos,
e por elas sempre lutamos,
 mas, enfim, buscando o quê?

---

* Zhuang Zi, do século IV antes da nossa era, foi um dos principais teóricos do taoismo, junto com Lao Zi. Ele cria um personagem, também chamado Zhuang Zi, que um dia sonha ser uma borboleta, mas no fim fica confuso, sem saber se ele próprio, Zhuang Zi, é que está sendo sonhado por uma borboleta.

** Um estadista durante a dinastia Qin (221-206 a.C). Desiludido com as mudanças políticas, afastou-se da vida pública e foi plantar melões.

玉阶怨

玉阶生白露,
夜久侵罗袜。
却下水晶帘,
玲珑望秋月。

LAMENTO NA ESCADARIA DE JADE

Cobre-se de geada
   a escadaria de jade.
O frio úmido da noite
   entranha em suas meias de seda.
Ela solta o cortinado
   e através dos cristais translúcidos
contempla a lua de outono.

铜官山醉后绝句

我爱铜官乐,
千年未拟还。
要须回舞袖,
拂尽五松山。

O monte Tong

Gosto do monte Tong
    porque ele me deixa alegre.
Fico por aqui bem uns mil anos.
    Danço ao meu gosto:
minha manga solta roça
    de uma só vez
todos os pinheiros aqui de cima.

沐浴子

沐芳莫弹冠,
浴兰莫振衣。
处世忌太洁,
至人贵藏晖。
沧浪有钓叟,
吾与尔同归。

LAVADO E PERFUMADO

Banhado em fragrância,
 não esfregue os cabelos.
Lavado em perfume,
 não sacuda sua roupa.
Saiba: o mundo
 detesta o que é puro.
O homem de coração nobre
 esconde seu brilho.
Na beira do rio,
 um velho pescador.
Ele e eu somos irmãos
 e juntos regressaremos.

望庐山瀑布

日照香炉生紫烟,
遥看瀑布挂前川。
飞流直下三千尺,
疑是银河落九天。

A CASCATA DO MONTE LU

Debaixo do sol escaldante,
    sobe um vapor violeta
do pico do Queima-Incenso.
    De longe, a catarata
parece um rio suspenso,
    águas em voo que se jogam
    de três mil pés.
Fico indeciso:
    não é a Via Láctea
caindo do alto do céu?

子夜吴歌·秋歌

长安一片月，
万户捣衣声。
秋风吹不尽，
总是玉关情。
何日平胡虏，
良人罢远征？

Canção de outono em Ziye

O luar banha
    a cidade de Chang'an.
O bater de roupas
    em dez mil casas.
O vento do outono
    cada vez mais frio...
Corações que batem
    voltados para o Passo de Jade.
Quando os bárbaros
    serão enfim vencidos
e nossos maridos
    voltarão da guerra?

自遣

对酒不觉暝,
落花盈我衣。
醉起步溪月,
鸟还人亦稀。

BEBENDO SOZINHO

Sentado, bebo sozinho,
    indiferente ao crepúsculo.
As flores caídas
    acumulam-se nas dobras
    de minha túnica.
Bêbado, me levanto
    e procuro a lua nas águas.
Os pássaros já se foram todos.
    São raros os passantes.

山中与幽人对酌

两人对酌山花开,
一杯一杯复一杯。
我醉欲眠卿且去,
明朝有意抱琴来。

BEBENDO COM UM AMIGO

Entre flores da montanha,
    bebemos eu e você.
Um copo, outro,
    e ainda mais um.
No fim, bêbado,
    eu fecho os olhos:
Melhor ir agora,
    mas, se quiser,
volte amanhã.
    Só não esqueça a cítara!

长相思 （其一）

长相思，在长安。
络纬秋啼金井阑，
微霜凄凄簟色寒。
孤灯不明思欲绝，
卷帷望月空长叹。
美人如花隔云端。
上有青冥之高天，
下有渌水之波澜。
天长路远魂飞苦，
梦魂不到关山难。
长相思，摧心肝。

SAUDADE DEMAIS

Saudade demais
    de Chang'an!
As cigarras tecem
    sua canção de outono
    sob a balaustrada
    cor de ouro da fonte.
No ar frio da noite
    a geada na minha cama
    muda de cor com o frio.
A candeia solitária
    quase se apagando:
    saudade que me mata.
Ergo a cortina,
    contemplo a lua
    e suspiro em vão.
Aquela jovem bonita,
    parecida com uma flor,
    esconde-se atrás
    da barreira de nuvens.
Acima, a noite escura
    e a amplidão do céu.
Embaixo, as águas
    criando espumas.
Mesmo para o meu coração,
    o céu é imenso,
    a estrada, longa e difícil.
Os sonhos que eu sonho
    não conseguem ir além
    dos desfiladeiros das montanhas.
Saudade imensa
    a me partir o coração.

秋风词

秋风清,
秋月明,
落叶聚还散,
寒鸦栖复惊。
相思相见知何日,
此时此夜难为情;
入我相思门,
知我相思苦,
长相思兮长相忆,
短相思兮无穷极,
早知如此绊人心,
何如当初莫相识。

Vento de outono

O ar do outono é fresco.
    Clara, a lua.
Folhas secas
    se juntam e se dispersam.
Pousa a gralha
    e, súbito, assusta-se.
Pensando em nós dois,
    quando te reencontrarei?
Nessa mesma hora, nessa mesma noite,
    a dor lateja.
Ao passar pela porta,
    vi o quanto doía
    a saudade.
Se maior, mais fundo penetra.
    Se menor, faz-se infinita.
Dor tamanha,
    preferível não te conhecer.

登金陵凤凰台

凤凰台上凤凰游,凤去台空江自流。
吴宫花草埋幽径,晋代衣冠成古丘。
三山半落青天外,一水中分白鹭洲。
总为浮云能蔽日,长安不见使人愁。

SUBINDO AO TERRAÇO DA FÊNIX EM JINLING

Outrora os pássaros fênix
    aqui se reuniam.
Há muito se foram.
    O terraço está vazio.
No rio, a seus pés,
    corre a solidão.
No palácio de Wu,
    flores e mato
cobrem as aleias,
    e os grandes dignatários de Jin
repousam à sombra
    de antigos túmulos.
Os Três Montes escondem-se
    atrás do azul do céu.
A ilhota da Garça Branca
    corta o Yangzi em dois.
Nuvens flutuantes
    sempre podem
esconder o sol.
    Não ver mais Chang'an:
dor que fundo dói.

关山月

明月出天山,苍茫云海间。
长风几万里,吹度玉门关。
汉下白登道,胡窥青海湾。
由来征战地,不见有人还。
戍客望边色,思归多苦颜。
高楼当此夜,叹息未应闲。

A LUA NA FRONTEIRA

A lua brilhante eleva-se
    por sobre a montanha Celeste
num embaçamento
    de nuvem e de mar.
O vento viaja
    milhas e milhas
para fustigar as ameias
    do Paço de Jade...
O imperador Liu Bang
    foi um dia cercado em Baideng
e tanto tempo depois
    os bárbaros de novo espreitam
    o azul da baía.
E como batalha alguma
    famosa na história
    trouxe de volta
    seus bravos guerreiros,
os soldados em ronda
    observam a fronteira,
pensando em suas casas,
    de olhos saudosos.
Lembram-se daqueles
    que nesta noite,
em seus quartos,
    suspirosos, agitados,
não conseguem repousar.

Du Fu

Du Fu (712-770) é um poeta realista, analítico e rebelde a seu modo, que não aceita a realidade objetiva como ela se mostra, mas, antes de não aceitá-la, submete-a a um julgamento crítico. Ele, como Li Bai e Wang Wei, viveu em tempos difíceis, durante a guerra civil que em oito anos destruiu o edifício já em decadência da dinastia Tang. Mas parece que a guerra contra o poder central, o sofrimento e a miséria deixaram em Du Fu marcas mais profundas que em Li Bai, a julgar pelos seus versos.

Nessa época, a sociedade feudal da dinastia Tang atravessava rápidas mudanças. Os nobres, os burocratas, os latifundiários, os comerciantes, até os monges ocupavam ou compravam terras, em detrimento dos camponeses. A seguir, os funcionários militares locais criaram pequenos exércitos para defender seus próprios interesses. Como se não bastasse, o governo central corrupto do imperador Xuan Zong impôs pesados tributos aos camponeses, provocando revoltas. Tudo isso aumentou a desigualdade entre os pobres e os nobres, culminando com a insurreição An Lushan, ou "*An Shi*" (755-762), que enfraqueceu a dinastia Tang.

Du Fu, nesse contexto, é a personificação do funcionário imperial exemplar, que procura antes de tudo ser íntegro, servir ao imperador e ao seu país, mesmo sabendo que vive em um mundo corrompido e de opressão. Em seus versos, insurge-se contra essa realidade, transformando-a em versos que mais tarde serão recitados em toda a China. Junto das pessoas mais simples, vê-se dividido entre seu respeito ao imperador e as injustiças sofridas pelas pessoas mais simples. Na sua fuga das zonas de combate navega solitário pelas estradas da época – os rios – até morrer de malária, como se encarnasse sua imagem poética de "gaivota, entre o céu e a terra".

Um dos grandes acontecimentos da vida de Du Fu foi ter conhecido Li Bai, na época já consolidado como o grande poeta do Império do Meio. Apesar da emoção do encontro, ele sabia o quanto os dois eram diferentes. Os versos de Li Bai mostram uma técnica literária sem precedentes, enquanto o humanismo falava pela boca de Du Fu. Li Bai queria reconhecimento e uma vida melhor. Du Fu também queria mudanças, mas para o povo viver melhor. Presa desse desejo, acreditava no seu país, no seu povo e na sua família.

Em tudo o que escreve, mostra um grande amor à China. "Das flores caem lágrimas. Estariam magoadas pela separação? Os pássaros têm o coração que palpita." Ou "De repente, longe de Jianmen, fico sabendo da retomada de Jibei, e as lágrimas molham minha peliça...". São imagens que permeiam toda a sua obra, trazendo o patriotismo para os seus versos.

Apesar de Du Fu ter vivido em um tempo de lágrimas e desastres e misérias, seus poemas procuram ir além do sofrimento e da autocomiseração. "Eu queria uma casa vermelha com mil quartos, para abrigar coitados que passam frio sob este céu, e fazer com que seus semblantes fiquem de novo alegres: todos nós, calmos que nem montanha, no meio da chuva e da tempestade." Este é o grito de um poeta que vivia numa cabana à beira de um rio, capaz de erguer a voz por sobre as águas revoltas com uma mensagem de esperança.

Ele exalta, como Li Bai, o amor, mas um amor diferente. O amor que sente por sua mulher e por seus filhos. E também exalta a emoção de receber amigos e com eles repartir o vinho. No poema "Ao luar", a lua que brilha no céu faz com que pense na mulher e nos filhos, que estão diante dessa mesma lua, a centenas de quilômetros de distância. Da mesma forma relata com muita ternura sua volta à casa e o reencontro com a mulher, sabendo, então, que uma das filhas tinha morrido de inanição. Em outro momento, ele sai para passear com a mulher e os filhos: "Hoje de manhã levei minha bela esposa para um passeio de barco. Olhamos as crianças brincando na água clara e morna". Ou, em tantos poemas, vê-se o amor e a amizade, que abarcam também o leitor: "Trilhas repletas de flores, por que varrê-las? E para vós, abro enfim a porta de junco".

É muito difícil conhecer a vida do poeta Du Fu e não se emocionar. Mais difícil ainda ler a sua vida nas linhas e nas entrelinhas dos versos. Seus poemas compõem, no conjunto, uma narrativa dramática e comovente. E ao mesmo tempo, um mapa e uma história do país que ele tanto amou. São, na verdade, a "história poética" da China, por retratarem a política, a economia, a questão militar e a vida do povo da sua época. Ele próprio é aclamado como "sábio poético" (shi sheng), por Yang Wanli (1127-1206), um poeta da dinastia Song (960-1279). Outro grande poeta da época, Bai Juyi, comentou que os poemas de Du Fu cobrem boa parte da história chinesa daquele período, sendo mais perfeitos e belos que os de Li Bai. Yuan Zhen (779-831), também da dinastia Tang (618-907), afirma que desde o surgimento da poesia, nunca houve alguém que tenha se igualado a ele.

Du Fu deixou mais de 1,4 mil poemas, e muitos outros se perderam. Nunca teve tempo de organizar sua produção poética, como tantos outros poetas chineses o fizeram. Os próprios leitores valorizavam e conservaram seus poemas, até que fossem reunidos e estudados durante a dinastia Song (960-1279). Desde então, ele é o poeta mais venerado da China.

房兵曹胡马

胡马大宛名,锋棱瘦骨成。
竹批双耳峻,风入四蹄轻。
所向无空阔,真堪托死生。
骁腾有如此,万里可横行。

O CAVALO BÁRBARO DO OFICIAL FANG

Puro sangue do Dayuan,
    flancos magros,
ossos salientes,
    orelhas em pé
    como bambus talhados.
E teus cascos, leves,
    voam com o vento.
Qualquer caminho ou distância,
    percorres num instante.
Em ti confio
    minha vida,
    minha morte...
E assim,
    forte, vigoroso,
estás sempre pronto
    para transpor qualquer distância.

兵车行

车辚辚,马萧萧,
行人弓箭各在腰。
耶娘妻子走相送,
尘埃不见咸阳桥。
牵衣顿足拦道哭,
哭声直上干云霄。
道旁过者问行人,
行人但云点行频。
或从十五北防河,
便至四十西营田。
去时里正与裹头,
归来头白还戍边。
边庭流血成海水,
武皇开边意未已。
君不闻汉家山东二百州,

BALADA DOS CARROS DE GUERRA

Os carros de guerra murmuram e matraqueiam.
Os cavalos relincham.
Os soldados partem em expedições, arcos e flechas presos ao corpo,
pais, mães, mulheres e crianças correndo para lhes dizer adeus;
impossível, no meio da poeira, avistar a ponte de Xianyang,
e já lhes puxam a roupa, gemem e lhes barram o caminho,
os prantos se alçando até as nuvens.

Na beira da estrada alguém pergunta o que está acontecendo.
Os soldados respondem apenas que os alistamentos são frequentes
e que alguns, aos quinze anos, partem para defender o norte do rio Amarelo.
Aos quarenta ainda estão cuidando das terras do exército no Oeste.
No dia da partida, os chefes das aldeias põem uma bandana em suas cabeças.
E se voltam, de cabeças brancas, partem de novo para defender a fronteira
onde o sangue escorre como um mar.
O imperador Wu dos Han quis alargar as fronteiras – ambição sem limites!
Você nunca ouviu falar que em duzentos distritos, a leste das montanhas chinesas,

千村万落生荆杞。
纵有健妇把锄犁,
禾生陇亩无东西。
况复秦兵耐苦战,
被驱不异犬与鸡。
长者虽有问,
役夫敢申恨?
且如今年冬,
未休关西卒。
县官急索租,
租税从何出?
信知生男恶,
反是生女好。
生女犹得嫁比邻,
生男埋没随百草。
君不见青海头,
古来白骨无人收。
新鬼烦冤旧鬼哭,
天阴雨湿声啾啾。

em mil aldeias e em milhares de povoados, bro-
 ta do chão apenas o mato e a erva?
Mesmo se é robusta a mulher que lavra
Espalham-se ervas daninhas nos templos arrui-
 nados.
Os soldados de Qin são corajosos e resistentes,
mas na batalha são considerados como cães ou
 galinhas.

Apesar de tantas perguntas,
pra que me queixar?
Neste inverno, por exemplo, não foram desmo-
 bilizadas as tropas de Guanxi,
e mesmo assim os chefes dos distritos já se
 apressam em cobrar impostos.
Imposto? Mas de onde tirá-lo?
O nascimento de um filho é pura infelicidade.
Melhor uma filha.
Uma filha pode se casar com o vizinho ao lado.
Um filho acaba morto e sem funeral no meio
 do mato.
Por acaso o senhor viu as margens do lago Qinghai,
onde, desde os tempos imemoriais, existem os-
 sos brancos que ninguém recolhe?
Novas almas exasperam-se, velhas almas caem
 em pranto,
e debaixo desse céu encoberto, a chuva molha
 queixas e gemidos.

前出塞九首(其六)

挽弓当挽强,　用箭当用长。
射人先射马,　擒贼先擒王。
杀人亦有限,　列国自有疆。
苟能制侵陵,　岂在多杀伤。

SERVIR NA FRONTEIRA

Se retesas o arco,
    pega o mais forte.
Se escolhes uma flecha,
    fica com a mais longa.
Se quiseres vencer o inimigo,
    mira bem
    na montaria.
Se quiseres capturar os rebeldes,
    agarra o chefe primeiro.
Também na matança,
    é preciso limites,
assim como cada país
    tem fronteiras.
Se for possível repelir
    os invasores,
por que continuar
    o banho de sangue?

月夜

今夜鄜州月,闺中只独看。
遥怜小儿女,未解忆长安。
香雾云鬟湿,清辉玉臂寒。
何时倚虚幌,双照泪痕干。

Ao luar

Nesta noite, a lua,
    no céu de Fuzhou.
Sozinha, minha mulher
    a contemplá-la.
Eu penso
    nas crianças,
pequenas demais para compreenderem
    a saudade que sentem.
Uma bruma perfumada
    molha seus cabelos.
Os raios pálidos e frios
    refletem-se em seus braços
    de branco jade.
Quando poderemos nos apoiar
    no rebordo
    da mesma janela?
Quando secarão
    as marcas de nossas lágrimas?

悲陈陶

孟冬十郡良家子,
血作陈陶泽中水。
野旷天清无战声,
四万义军同日死。
群胡归来血洗箭,
仍唱胡歌饮都市。
都人回面向北啼,
日夜更望官军至。

LÁGRIMAS DE CHENTAO

O sangue
    dos valentes guerreiros
das melhores famílias
    de dez províncias
encharcou a lama fria
    dos pântanos de Chentao.
Sob o azul claro do céu,
    a vastidão da planície
silencia o clamor das batalhas.
    Em um único dia,
na vasta planície, sob o céu límpido,
    quarenta mil heroicos jovens,
fiéis e leais,
    perderam a vida.
Agora as hordas bárbaras
    limpam o sangue de suas armas.
Bêbados entoam cantos
    e vociferam na praça do mercado.
O povo vira o rosto
    para o norte, chorando.
Dia e noite esperam
    a chegada do exército imperial.

春望

国破山河在,城春草木深。
感时花溅泪,恨别鸟惊心。
烽火连三月,家书抵万金。
白头搔更短,浑欲不胜簪。

CONTEMPLANDO A PRIMAVERA

O império esfacelado,
    restam as montanhas e os rios.
Na capital, primavera.
    Brotos de ervas e árvores
estariam comovidos
    com as flores que vertem lágrimas?
Mortificados com a separação
    os pássaros cujos corações palpitam?
Os fogos da guerra não dão trégua
    desde o início de março.
Uma carta enviada à família
    vale milhares de onças de ouro.
Eu coço minha cabeça branca,
    cabelos cada vez mais raros;
impossível, agora,
    prendê-los com um grampo.

对雪

战哭多新鬼,愁吟独老翁。
乱云低薄暮,急雪舞回风。
瓢弃樽无绿,炉存火似红。
数州消息断,愁坐正书空。

CONTEMPLANDO A NEVE

Batalhas, soluços,
    novos e velhos fantasmas.
Triste e só, um velho
    recita poemas,
    ao diáfano crepúsculo
Em meio a nuvens baixas
    à neve, de repente,
    dança no turbilhão do vento.
Joguei fora a concha de vinho,
    pois a jarra está vazia
e, no braseiro, só há lembrança
    de brasas ardentes.
Nenhuma notícia
    de numerosas províncias.
Com o dedo, garatujo no ar
    a palavra dor.

羌村三首 （其一）

峥嵘赤云西，日脚下平地。
柴门鸟雀噪，归客千里至。
妻孥怪我在，惊定还拭泪。
世乱遭飘荡，生还偶然遂。
邻人满墙头，感叹亦歔欷。
夜阑更秉烛，相对如梦寐。

NA ALDEIA DE QIANG (1)

Um compacto escarpado
    de nuvens púrpuras.
O sol desce
    sobre a planície.
Na porta trançada de madeira,
    chilreiam os pássaros...
Enfim, estou de volta,
    depois de percorrer
    centenas de léguas.
Minha mulher,
    estupefata ao me ver,
seca lágrimas sem parar,
    passado o choque.
Os tormentos da guerra
    me desorientaram
e só por milagre
    estou aqui.
Os vizinhos inclinam-se
    por sobre o muro,
    também emocionados e suspirosos.
Tarde da noite,
    à luz da candeia,
contemplamo-nos ainda,
    um ao outro,
como seres
    de um outro mundo.

羌村三首(其二)

晚岁迫偷生,还家少欢趣。
娇儿不离膝,畏我复却去。
忆昔好追凉,故绕池边树。
萧萧北风劲,抚事煎百虑。
赖知禾黍收,已觉糟床注。
如今足斟酌,且用慰迟暮。

NA ALDEIA DE QIANG (2)

Agora, na velhice,
    tenho de recuperar o tempo
    para levar minha vida.
De volta em casa,
    pouca alegria
    e prazer.
Meu filho que eu tanto amo
    não sai do meu colo:
    medo de que eu vá embora de novo.
Eu me lembro daqui, outrora,
    aproveitando o tempo fresco.
Com frequência andava
    na beira do lago
    bordado de árvores.
Hoje o vento norte sopra forte.
    Pensando nele,
mil preocupações
    fervilham em mim.
Felizmente o sorgo
    acaba de ser colhido,
e eu já imagino o quanto de aguardente
    poderei fazer.
O suficiente para beber,
    me dar alegria,
e me consolar
    até o fim de meus dias.

羌村三首（其三）

群鸡正乱叫，客至鸡斗争。
驱鸡上树木，始闻扣柴荆。
父老四五人，问我久远行。
手中各有携，倾榼浊复清。

NA ALDEIA DE QIANG (3)

No pátio,
    as galinhas e os galos
súbito cocoricam em alarido
    anunciando visita.
Expulsos,
    refugiam-se
num galho de árvore.
    Logo soam batidas
na porta de pinho.
São os velhos amigos
    que chegam
para me acolher.
    Cada um traz alguma coisa
e enchem repetidas vezes os copos
    com aguardente forte ou leve.
Não é das melhores,
    desculpam-se emocionados;
mas faltam braços
    para o trabalho nos campos de sorgo.
Ninguém vê o fim
    da guerra no Leste,
    para onde partiram os jovens.
Meus velhos amigos,
    permitam-me
declamar para vocês
    um de meus poemas.
Vocês sofreram muito

苦辞"酒味薄,黍地无人耕。
兵革既未息,儿童尽东征"。
请为父老歌,艰难愧深情。
歌罢仰天叹,四座泪纵横。

  e tanta gentileza
  me deixa emocionado.
Logo que termino de cantar,
  volto os olhos para o céu,
E suspiro: nossos olhos
  estão cheios de lágrimas.

曲江二首（其一）

一片花飞减却春，
风飘万点正愁人。
且看欲尽花经眼，
莫厌伤多酒入唇。
江上小堂巢翡翠，
苑边高冢卧麒麟。
细推物理须行乐，
何用浮名绊此身。

O rio sinuoso (1)

Uma pétala que cai
    encurta um pouco a beleza.
No vento, milhares delas flutuam,
    e consternado fico.
Em vez de olhar as flores
    que murcham diante de meus olhos,
prefiro levar o vinho aos lábios,
    quando vem a tristeza.

Em um pequeno quiosque
    na beira do rio
aninham-se martins-pescadores.
    Ao longo do parque,
diante dos altos túmulos,
    desabaram os unicórnios.
Se observamos a lei das coisas,
    sabemos que é preciso se dar prazer.
Por que o desejo de ser famoso
    se a fama apenas imobiliza o corpo?

曲江二首（其二）

朝回日日典春衣，
每日江头尽醉归。
酒债寻常行处有，
人生七十古来稀。
穿花蛱蝶深深见，
点水蜻蜓款款飞。
传语风光共流转，
暂时相赏莫相违。

O RIO SINUOSO (2)

Todo dia, ao voltar da audiência imperial,
    empenho minha roupa de primavera.
Vou para a margem do rio,
    e só depois de bêbado
    retorno a casa.
Dívidas de vinho,
    deixo penduradas em qualquer cabide.
Nessa vida, chegar aos setenta,
    é muito raro,
    desde os tempos antigos.
As borboletas esvoaçam
    sobre as flores,
e de tempos em tempos
    uma de mim se aproxima.
As libélulas roçam a água
    em seus leves voos.
Breve é o tempo
    de estarmos juntos.
Melhor gozá-lo,
    já que não obedece
aos nossos desejos.

望岳

岱宗夫如何?齐鲁青未了。
造化钟神秀,阴阳割昏晓。
荡胸生层云,决眦入归鸟。
会当凌绝顶,一览众山小。

Contemplando a Montanha Sagrada

A montanha das montanhas,
    ao que se parece mais?
No país de Qi e de Lu,
    verde sem fim,
a natureza nela concentra
    sua magia e esplendor.
A vertente norte e a vertente sul
    separam crepúsculo e claridade.
Nuvens, que se estendem em camadas,
    fazem palpitar meu coração.
Nos meus olhos graves,
    revoadas de pássaros migratórios.
Escalarei o pico mais alto
    e, até onde a vista alcança, abraçarei
inúmeras e minúsculas montanhas.

石壕吏

暮投石壕村,有吏夜捉人。
老翁逾墙走,老妇出门看。
吏呼一何怒,妇啼一何苦!
听妇前致词:三男邺城戍。
一男附书至,二男新战死。
存者且偷生,死者长已矣。
室中更无人,惟有乳下孙。
有孙母未去,出入无完裙。
老妪力虽衰,请从吏夜归。

O SARGENTO RECRUTADOR DE SHIHAO

Ao cair da noite,
    eu me hospedo
    na aldeia de Shihao.
No meio da noite
    chega o recrutador
    para levar os homens.
O velho pula o muro e foge.
    A velha abre a porta.
Raivoso, o oficial vocifera,
    e a pobre mulher, em lágrimas,
responde aos soluços:
    "Meus três filhos partiram
para servir em Ye.
    Alguém me trouxe uma carta
enviada por um deles:
    Seus irmãos morreram em combate
e ele mesmo tenta sobreviver,
    mas por quanto tempo ainda?
Hoje não tem mais homens nesta casa,
    exceto meu neto
ainda no colo da mãe.
Ela não vai aparecer,
    nem roupa tem.
Sou apenas uma velha
    quase sem forças,
mas quero seguir o senhor, recrutador,
    esta noite mesmo,

急应河阳役,犹得备晨炊。
夜久语声绝,如闻泣幽咽。
天明登前途,独与老翁别。

única forma de responder
>ao apelo urgente de Heyang.
É madrugada ainda, posso pelo menos
>preparar algo para os soldados!"
A noite passa,
>as vozes calam-se aos poucos.
Acho que escuto
>um choro abafado.
De manhãzinha retomo
>meu caminho.
O velhinho está só.
>Vem me dizer adeus.

月夜忆舍弟

戍鼓断人行,边秋一雁声。
露从今夜白,月是故乡明。
有弟皆分散,无家问死生。
寄书长不达,况乃未休兵。

Pensando nos meus irmãos ao luar

Com toque de recolher dos tambores,
    as estradas, vistas aqui do alto, estão desertas.
Na fronteira, chega o outono,
    com o grasnado dos gansos selvagens,
    e com a noite o orvalho se fez geada.
A lua não é tão brilhante
    como a de minha terra natal.
Meus irmãos estão por aí,
    espalhados por não sei onde.
Sem casa, sem família,
    estão vivos ou mortos?
Envio cartas,
    mas a resposta nunca chega.
E a guerra continua
    e continua, ininterrupta.

进艇

南京久客耕南亩,
北望伤神坐北窗。
昼引老妻乘小艇,
晴看稚子浴清江。
俱飞蛱蝶元相逐,
并蒂芙蓉本自双。
茗饮蔗浆携所有,
瓷罂无谢玉为缸。

Passeio de barco

Eu, longe de tudo,
    sonhava com a capital.
Tive de me contentar
    com uma vida pacata
    nos campos do sul.
Com o coração apertado,
    da janela olho para o norte.
Hoje de manhã
    levei minha graciosa esposa
    para um passeio de barco.
Olhamos as crianças alegres brincando
    na água clara e morna
    ao sol.
As borboletas que esvoaçam,
    ora se perseguem,
    ora se distanciam.
Duas flores de lótus
    numa só haste
    formam um casal perfeito.
Para esse passeio
    trouxemos chá e caldo de cana
    em abundância.
Nossas canecas de barro
    não perdem em nada
    para os copos de jade!

客至

舍南舍北皆春水,
但见群鸥日日来。
花径不曾缘客扫,
蓬门今始为君开。
盘飧市远无兼味,
樽酒家贫只旧醅。
肯与邻翁相对饮,
隔篱呼取尽余杯。

Visita

Ao sul de meu rancho, ao norte,
    por toda parte
    chuva de primavera.
Dia após dia eu só enxergo
    o voo das gaivotas.
Trilhas repletas de flores,
    por que varrê-las?
E para vós, abro enfim
    a porta de junco.
O mercado é longe,
    e para o almoço
    não tenho muita escolha.
Quanto à bebida,
    a casa é pobre
    e só posso vos oferecer
    vinho rústico.
E se convidássemos meu vizinho
    para se juntar a nós?
Vou até a cerca chamá-lo;
    juntos acabaremos
com esse jarro de vinho.

百忧集行

忆年十五心尚孩,健如黄犊走复来。
庭前八月梨枣熟,一日上树能千回。
即今倏忽已五十,坐卧只多少行立。
强将笑语供主人,悲见生涯百忧集。
入门依旧四壁空,老妻睹我颜色同。
痴儿未知父子礼,叫怒索饭啼门东。

Balada das cem preocupações acumuladas

Eu me lembro: tinha quinze anos,
    e o coração de criança.
Robusto como um bezerro,
    corria solto.
Em agosto, no pátio,
    quando tâmaras e peras amadurecem,
subia nas árvores
    milhares de vezes por dia.
E de repente,
    aos cinquenta anos,
no mais das vezes sentado ou reclinado,
    raramente de pé, pois ando pouco,
eu me esforço para sorrir
    quando encontro meus benfeitores.
Por isso, tristeza e mil preocupações
    misturam-se ao que eu sinto.
Na volta, ao passar pela porta,
    encontro quatro paredes vazias.
Minha mulher é bonita,
    mas quando me olha,
tem o semblante triste.
Meu filho, tolo,
    não trata o pai com respeito
e ao me receber à porta,
    furioso, bate pé e exige comida.

春夜喜雨

好雨知时节,当春乃发生。
随风潜入夜,润物细无声。
野径云俱黑,江船火独明。
晓看红湿处,花重锦官城。

Noite de primavera contente com a chuva

A boa e doce chuva
    tem o segredo da hora
e chega com a primavera,
    que aflora.

Ela segue o vento,
    e desliza na noite;
em tudo penetra
    e umedece em silêncio.

Perto de trilhas sombrias
    esmagadas pelas nuvens,
a lanterna do barco
    brilha sozinha na margem.

De madrugada vejo
    tudo rubro e molhado,
e as flores afogam
    a Cidade dos Brocados.*

---

* Cidade dos Brocados ou Chengdu.

江畔独步寻花七绝句(其七)

不是爱花即欲死,
只恐花尽老相催。
繁枝容易纷纷落,
嫩蕊商量细细开。

FLORES FUGAZES

Não que goste de flores
    a ponto de morrer por elas,
mas temo a beleza que se vai,
    a velhice que se aproxima.
E dos galhos elas se lançam,
    efêmeras, sobre o chão.
Aos tenros botões,
    peço que desabrochem,
se possível com doçura.

绝句漫兴九首（其五）

肠断春江欲尽头，
杖藜徐步立芳洲。
颠狂柳絮随风舞，
轻薄桃花逐水流。

Enchente

O fim da primavera no rio
    me parte o coração.
Apoiado à bengala, a passear,
    olho com tristeza
    esta ilhota florida:
os flocos ingênuos dos salgueiros
    seguem a brisa enganosa,
e as pétalas frívolas dos pessegueiros
    pousam confusas
    sobre as águas em fuga.

茅屋为秋风所破歌

八月秋高风怒号,
卷我屋上三重茅。
茅飞渡江洒江郊,
高者挂罥长林梢,
下者飘转沉塘坳。
南村群童欺我老无力,
忍能对面为盗贼。
公然抱茅入竹去,
唇焦口燥呼不得,
归来倚杖自叹息。
俄顷风定云墨色,
秋天漠漠向昏黑。
布衾多年冷似铁,
娇儿恶卧踏里裂。

Canção sobre minha cabana destruída pelo vento de outono

No céu claro de outono, o vento a soprar violento
arranca as três camadas de palha do teto de minha cabana.
As palhas se espalham, chegam à margem oposta do rio,
penduram-se nos galhos mais altos das árvores quando sopra o vento,
ou então, em redemoinhos, acumulam-se no brejo.
Os moleques da aldeia, vendo-me fraco,
atrevem-se a roubá-las bem diante de meus olhos.
Afastam-se com elas às braçadas, à luz do dia, para as touceiras de bambu.
Grito em vão, com os lábios queimados, a boca seca: nada acontece.
Volto, apoiado em minha bengala, e suspiro.
O vento a seguir se acalma, mas as nuvens tornam-se mais escuras.
O céu de outono, pouco a pouco, mergulha na obscuridade.
Minhas colchas, de tão usadas, são frias que nem ferro.
São meus filhos desnaturados, no meio dos pesadelos, que as rasgam com os pés.

床头屋漏无干处,
雨脚如麻未断绝。
自经丧乱少睡眠,
长夜沾湿何由彻!
安得广厦千万间,
大庇天下寒士俱欢颜,
风雨不动安如山!
呜呼!
何时眼前突兀见此屋?
吾庐独破受冻死亦足!

Por cima da cama o teto goteja, molhando tudo,
enquanto a chuva prossegue forte, ininterrupta.
Desde a rebelião de An Lushan tenho dormido pouco.
Quando essa longa e úmida noite chegará ao fim?
Eu queria uma casa vermelha com mil quartos,
para abrigar coitados que passam frio sob esse céu,
e fazer com que seus semblantes fiquem de novo alegres:
todos nós, calmos que nem montanha, no meio da chuva e da tempestade.
Que essa grande casa surja diante de meus olhos.
Aí, sim, morrerei de frio na minha cabana, mas feliz.

楠树为风雨所拔叹

倚江楠树草堂前，故老相传二百年。
诛茅卜居总为此，五月仿佛闻寒蝉。
东南飘风动地至，江翻石走流云气。
干排雷雨犹力争，根断泉源岂天意。
沧波老树性所爱，浦上童童一青盖。
野客频留惧雪霜，行人不过听竽籁。
虎倒龙颠委榛棘，泪痕血点垂胸臆。
我有新诗何处吟，草堂自此无颜色。

Balada do velho cedro

Diante da cabana, às margens do ribeirão, havia um cedro.

As pessoas mais velhas diziam que tinha mais de duzentos anos.

Só por causa dele rocei o mato e construí aqui minha casa.

No quinto mês do ano parece que ouvia as cigarras com frio.

E então, do sudeste, soprou um vento violento, estremecendo a terra.

O rio ergueu-se, as pedras se puseram a correr, as nuvens despedaçaram-se.

O tronco lutou com todas as forças que tinha para afastar raios e trovões.

Mas hoje, suas raízes estão separadas da fonte de água – vontade do céu?

Eu gostava do azul moroso dessa velha árvore, da sua luxuriante e verde sombra sobre o rio.

Os viajantes que temiam a neve não raro aqui paravam.

Os passantes aqui se detinham para escutar esse som de flauta e de gaita.

Tigre caído, dragão arqueado, entregue às ervas, com marcas de lágrimas e de sangue que escorreram de seu peitoral.

Onde recitarei meus novos poemas?

Minha cabana perdeu a sua cor.

客亭

秋窗犹曙色，　落木更天风。
日出寒山外，　江流宿雾中。
圣朝无弃物，　衰病已成翁。
多少残生事，　飘零任转蓬。

No quiosque do viajante

À janela, no outono,
    ainda a cor da madrugada.
As folhas caem
    com o vento forte.
O sol apareceu
    por trás das montanhas geladas.
O rio corre na neblina
    da noite que passou.
A nobre Corte certamente
    não negligenciou nenhum talento.
Decrépito e doente,
    me considero um velho.
Quantas coisas tenho
    ainda que suportar?
Errante, sigo
    como um grão de semente,
    ao léu.

江村

清江一曲抱村流,长夏江村事事幽。
自去自来梁上燕,相亲相近水中鸥。
老妻画纸为棋局,稚子敲针作钓钩。
多病所须惟药物,微躯此外复何求。

CIDADEZINHA NA BEIRA DO RIO

O rio límpido e sinuoso ao fluir
    abraça a nossa aldeia,
onde escoam devagar
    os compridos dias do verão.
As andorinhas
    aninhadas entre as vigas
vão e voltam como bem entendem.
    As gaivotas ficam à beira d'água,
bem juntinhas
    umas contra as outras.
Minha velha concentra-se,
    desenhando um tabuleiro de *go**
    no papel.
Meu menorzinho entorta uma agulha.
    Quer, com ela, fazer um anzol.
Sempre atormentado por doenças,
    só me faltam remédios.
O que mais poderia desejar
    um homem modesto?

---

* Antigo jogo de origem chinesa.

闻官军收河南河北

剑外忽传收蓟北,
初闻涕泪满衣裳。
却看妻子愁何在,
漫卷诗书喜欲狂。
白日放歌须纵酒,
青春作伴好还乡。
即从巴峡穿巫峡,
便下襄阳向洛阳。

Notícia da retomada da região de Henan-Hebei pelas tropas governamentais

De repente, fora de Jianmen,
    fico sabendo da retomada
de Jibei, e as lágrimas
    molham minha roupa.
Eu olho os meus: a tristeza acabou!
    Sem conter minha alegria,
começo a enrolar meus escritos.
    Nesse dia especial,
preciso cantar
    e me embebedar,
    antes de voltar para casa.
Vamos a Baxia, depois a Wuxia,
    e depois, pelo caminho de Xiangyang,
chegaremos ao nosso lar em Luoyang.

绝句二首(其一)

迟日江山丽,
春风花草香。
泥融飞燕子,
沙暖睡鸳鸯。

Três quadras (1)

Sol doce,
    rios e montanhas esplêndidos.
aroma de flores e de ervas.
    no vento da primavera.
Por sobre a terra em degelo,
    voam as andorinhas.
Na areia tépida,
    cochilam patos mandarins.

绝句二首(其二)

江碧鸟逾白,
山青花欲燃。
今春看又过,
何日是归年?

Três quadras (2)

No rio Esmeralda,
    pássaros
    ainda mais brancos.
Na montanha azulada,
    as flores já se abrasam.
A primavera,
    perto do fim.
Quando chegará o dia
    do meu retorno?

绝句四首(其三)

两只黄鹂鸣翠柳,
一行白鹭上青天。
窗含西岭千秋雪,
门泊东吴万里船。

Três quadras (3)

Dois corrupiões cantam
    no salgueiro de jade.
Em fila, garças brancas
    sobem para o azul.
Da janela abraço a oeste
    cristas nevadas de centenas de outonos.
Na frente da porta, um barquinho de Wu
    e milhares de léguas.

秋野五首（其一）

秋野日疏芜，寒江动碧虚。
系舟蛮井络，卜宅楚村墟。
枣熟从人打，葵荒欲自锄。
盘飧老夫食，分减及溪鱼。

O campo no outono (1)

Outono. O campo
    murcha a cada dia.
De águas frias,
    o rio entre o verde das montanhas.
Amarrei meu junco
    perto de um povoado de bárbaros
e escolhi uma casa
    na aldeia de Chu.
As jujubas estão maduras,
    quem quiser pode sacudir o pé e pegá-las.
Os girassóis estão secos,
    eu mesmo vou colhê-los.
A comida no meu prato,
    (velho que sou)
reparto com os peixes do rio.

秋野五首(其三)

礼乐攻吾短,山林引兴长。
掉头纱帽仄,曝背竹书光。
风落收松子,天寒割蜜房。
稀疏小红翠,驻屐近微香。

O campo no outono (2)

Os ritos e a música
    corrigem meus defeitos.
As montanhas e as florestas
    alimentam minha inspiração.
Movo a cabeça
    e com meu chapéu de gaze
atravessado
    esquento minhas costas ao sol.
Incide sobre meus livros,
    a luz dos bambus.
Se o vento derruba as pinhas,
    vou recolhê-las.
Se esfria,
    tiro o mel da colmeia
em esparsas e pequenas
      manchas rubras e douradas.
Quando penduro meus tamancos,
    espalha-se um sutil aroma.

暂往白帝复还东屯

复作归田去,犹残获稻功。
筑场怜穴蚁,拾穗许村童。
落杵光辉白,除芒子粒红。
加餐可扶老,仓庾慰飘蓬。

Outono, no povoado do leste

Eu aqui,
    de volta ao campo.
A colheita
    ainda prossegue.
Um lugar para secar os grãos,
    mas que poupem os formigueiros.
Para debulhar o milho,
    chamo os meninos da vila.
Ao martelar do pilão
    solta-se a casca do arroz
    e os grãos ficam vermelhos.
Comida em abundância
    me ajudará na velhice.
E o paiol cheio consola
    o grão errante que sou eu.

缚鸡行

小奴缚鸡向市卖,
鸡被缚急相喧争。
家中厌鸡食虫蚁,
不知鸡卖还遭烹。
虫鸡于人何厚薄,
吾叱奴人解其缚。
鸡虫得失无了时,
注目寒江倚山阁。

Balada das galinhas com peias

O rapaz peou as galinhas,
   quer vendê-las no mercado.
Com as tramas apertadas,
   as galinhas lutam e piam.
Aqui em casa todos odeiam ver galinhas
   comendo vermes e formigas,
mas se esquecem de que as galinhas,
   uma vez vendidas, acabam na panela.
Que diferença há entre galinha
   e verme para o ser humano?
Chamei a atenção do rapaz
   e soltei as galinhas.
Vermes ou galinhas,
   ganhar ou perder,
esse jogo não tem fim.
   Do pavilhão da montanha,
contemplo o rio gelado.

旅夜书怀

细草微风岸,危樯独夜舟。
星垂平野阔,月涌大江流。
名岂文章著,官应老病休,
飘飘何所似,天地一沙鸥。

Pensamento numa noite de viagem

Uma brisa leve
    agita a grama tenra
    na margem do rio.
Na noite, alto,
    o mastro vacilante de meu barco.
Uma estrela cadente
    corta a redoma do céu
e a planície se estende
    até o infinito.
A lua, revolta,
    avança com o rio.
Quando minha obra
    será enfim
    reconhecida?
Velho e doente
    eu sonho em me retirar.
Por que este exílio?
    Sou uma gaivota da areia
que luta solitária
    entre o céu e a terra.

Wang Wei

Wang Wei (701-761) era músico? Sim, um dos mais conhecidos da época clássica chinesa. E na pintura, quem sobressaía? Wang Wei, claro. E na poesia? Também Wang Wei, junto com Li Bai e com Du Fu. Porque o maior poeta clássico chinês são, na verdade, três. Wang Wei, Li Bai e Du Fu. Às vezes quatro, se Bai Juyi for incluído.

De uma família aristocrática, Wang Wei nasceu no condado de Qi, na província de Shanxi, e em 721 tirou o primeiro lugar nos exames imperiais (*jin-shi*), o que lhe possibilitou entrar muito cedo no mundo das artes e nos círculos oficiais. Sua especialidade era a *pipa*, um instrumento de cordas que se assemelha à cítara ocidental. Não demorou muito, foi nomeado mestre de música da Escola Ritual do Palácio.

Su Dongpo (1037-1101) disse, trezentos anos depois da morte de Wang Wei: "Seus quadros são poemas e seus poemas são quadros". As pinturas-poemas de Wang Wei se perderam, chegando-nos, hoje, apenas cópias feitas por outros artistas. Mas são conhecidos cerca de quatrocentos de seus poemas. Poemas-quadros, no dizer de Su Dongpo, com forte identidade visual. Diferente de Du Fu, seus poemas não são realistas, nem tratam da guerra, da injustiça ou de problemas sociais. E tampouco incorporam uma visão romântica, que exalte a alegria, o prazer de viver o presente e viagens imaginárias por paisagens taoistas, como Li Bai.

Os poemas de Wang Wei são serenos, refinados e de rara sensibilidade. Com um estilo extremamente conciso, dá o recado e fecha a cortina. Aliás, nem se mostra à janela, apesar dos versos serem nuances de uma realidade interna.

No meio da vida, diz o poeta, seu coração descobriu a verdadeira sabedoria e por isso, ao entardecer, construiu uma casa ao pé da montanha. Pouco depois, em outro poema, consola um interlocutor imaginário que vive preocupado com "alegrias rasas, dadas de favor". E diz ser muito difícil na vida estar acima das dificuldades, depois de marcar consulta com o Imperador Amarelo ou com Confúcio.

Antes de tudo, Wang Wei se pergunta se o nosso corpo é um sonho. E ele se faz essa pergunta logo após ter deixado a Corte e construído sua casa na montanha, dedicando-se de forma quase integral ao budismo *chan*. (Dessa tendência budista e da palavra chinesa que a designa origina-se termo japonês Zen.) Aliás, ao sair da Corte, tornou-se mais conhecido com o nome público de Mo Kie (Wei Mo Kie) (Wang Mojie), transcrições da palavra em sânscrito *Vimalakirti*, nome de um *bodhisattva* a quem muito admirava.

Ao estudante Hu pediu um dia: "Observe bem as quatro grandes causas: Qual a fundamental? Se todo projeto é ilusório, o que seria a felicidade ou a infelicidade para o corpo? Por que dar o nome 'objetos' às formas e aos sons? Quem observa as sombras e as esferas?" Seus poemas podiam também se revestir de cores místicas: "Viver o vazio além da Nuvem da Realidade. Descobrir o mundo e nele encontrar o Sem-Nascer!"

É perigoso, porém, dizer que Wang Wei é um poeta budista. Do mesmo modo que é simplificação excessiva dizer que os poemas de Li Bai são taoistas e os de Du Fu, confucionistas. Primeiro porque budismo, confucionismo ou taoismo não são escolas literárias. E depois porque estamos tratando de uma época em que o budismo se espalha na China, mas um budismo que absorve também uma visão de mundo taoista chinês.

Como poeta, é mais conhecido por suas quadras, em que descreve cenas bucólicas – rios, campos, passeios aos mosteiros nas montanhas – com uma grande economia de palavras. Ele incorpora, na poesia, o costume dos literatos chineses de passar uma parte da vida em contemplação, em um lugar isolado, geralmente numa montanha, entre nuvens brancas – imagem comum na época para simbolizar essa vida em isolamento. E no caso de Wang Wei, essa vida serena e simples parece sempre contraposta à busca da iluminação budista.

Além disso, Wang Wei não se afastou do mundo para se dedicar à religião. Por diversas vezes foi chamado à Corte, por diversas vezes voltou às montanhas do Sul. Depois da morte de sua mãe, transforma a grande casa familiar em mosteiro, ocupado por uma pequena comunidade de monges. E de certa maneira, ele não passava dificuldades em termos econômicos, graças a essas temporadas na Corte como administrador ou como conselheiro militar na fronteira noroeste do Gansu.

欹湖

吹箫凌极浦,
日暮送夫君。
湖上一回首,
山青卷白云。

Lago Qi

Ao som de uma flauta,
    diante do poente,
adeus ao meu amigo,
    na beira do lago.
Por um instante,
    olho para trás:
avisto apenas verdes montes
    e colares de brancas nuvens.

送别

下马饮君酒,
问君何所之。
君言不得意,
归卧南山陲。
但去莫复问,
白云无尽时。

Despedida

Desça do cavalo,
    beba um copo de vinho...
Aonde você vai?

Cansado deste mundo,
    volto para descansar
nas montanhas do Sul.

Bem, então vá,
    não faço mais perguntas.

Nuvens brancas,
    de doer a vista.

鸟鸣涧

人闲桂花落,
夜静春山空。
月出惊山鸟,
时鸣春涧中。

Pássaros cantando na ravina

Maravilhoso repouso!
    As flores da acácia
    pousam nos meus cabelos!
O azul dos montes desertos
    acentua a quietude
    da noite.
Surge a lua,
    desperta o pássaro:
às vezes ele canta
    e adeja sobre a torrente.

答张五弟

终南有茅屋,
前对终南山。
终年无客常闭关,
终日无心长自闲。
不妨饮酒复垂钓,
君但能来相往还。

Resposta ao meu irmão Zhang Wu

Minha humilde casa
    dá para as montanhas do sul.
Faz tempo que ninguém me visita,
    por isso a porta sempre fechada.
Sem preocupações ao longo do dia,
    aprecio meu longo repouso.
Pego minha vara de pescar
    e tranquilamente esvazio
    o odre de vinho.
Se quiser me visitar,
    venha, será um prazer.

山居秋暝

空山新雨后,天气晚来秋。
明月松间照,清泉石上流。
竹喧归浣女,莲动下渔舟。
随意春芳歇,王孙自可留。

OUTONO DE TARDE NA MONTANHA

Choveu há pouco
    na montanha deserta.
De frescor a brisa da tarde
    enche o outono...
Nos galhos dos pinheiros,
    pinhas de raios de lua.
Uma fonte pura acaricia
    os rochedos.
Quase a tocar nas flores de lótus,
    as barcas dos pescadores.
Risos entre os bambus:
    são as lavadeiras que voltam.
Por tudo quanto é lado,
    ainda a beleza da primavera...
Por que também você
    não fica mais um pouco?

山中

荆溪白石出,
天寒红叶稀。
山路元无雨,
空翠湿人衣。

NA MONTANHA

Rochedos brancos
    da torrente emergem.
Folhas vermelhas,
    aqui e ali,
    sob o céu gelado.
Não choveu
    na trilha da montanha,
mas o azul do vazio
    molha nossas roupas.

使至塞上

单车欲问边,属国过居延。
征蓬出汉塞,归雁入胡天。
大漠孤烟直,长河落日圆。
萧关逢侯骑,都护在燕然。

MISSÃO NA FRONTEIRA

Carro solitário passa
    pelas estradas da fronteira.
Juyan ficou para trás:
    eis o país ocupado.
Ervas errantes,
    fora das muralhas dos Han.
Gansos selvagens perdidos
    no céu bárbaro.
Deserto imenso:
    ao longe, um rolo de fumaça.
Sobre o rio pousa
    o disco do poente.
No Passo da Desolação,
    enfim uma patrulha.
"E o quartel-general?"
    "No monte das Andorinhas!"

观猎

风劲角弓鸣,将军猎渭城。
草枯鹰眼疾,雪尽马蹄轻。
忽过新丰市,还归细柳营。
回看射雕处,千里暮云平。

A CAÇA

Ao vento vibram
    as cordas dos arcos.
O general caça
    nos arredores de Weicheng.
Grama baixa,
    olhar penetrante
    de águia.
Neve derretida,
    patas dos cavalos
    mais livres.
Passando a galope
    pelo Mercado da Abundância,
    chegamos, alegres, ao Campo dos Salgueiros Esguios.
No horizonte,
    lá
    onde caem os abutres,
sobre mil *li*,
    as nuvens da noite.

临高台送黎拾遗

相送临高台,
川原杳何极。
日暮飞鸟还,
行人去不息。

Alto Torreão

No alto do Torreão,
    para dizer adeus.
Rio e planície,
    perdidos no crepúsculo.
Debaixo do poente,
    o retorno de pássaros.
O homem?
    Sempre mais longe.

早秋山中作(后半部分)

草间蛩响临秋急,
山里蝉声薄暮悲。
寂寞柴门人不到,
空林独与白云期。

Princípio de outono na montanha

O cricrilar dos grilos na cabana
   apressa o outono.
O canto da cigarra nos montes
   lamenta o crepúsculo que se esvai.
Deserta a porta de madeira:
   ninguém por perto.
No bosque vazio,
   encontro marcado
com nuvens brancas.

皇甫岳云溪杂题五首·萍池

春池深且广,
会待轻舟回。
靡靡绿萍合,
垂杨扫复开。

O LAGO DAS LENTILHAS-D'ÁGUA

Lago fundo e imenso
    na primavera.
O pequeno barco
    ainda demora.
As lentilhas-d'água
    reagrupam-se,
varridas mais uma vez
    pelos galhos do salgueiro.

华子冈

飞鸟去不穷,
连山复秋色。
上下华子冈,
惆怅情何极。

O MONTE FLORIDO

Pássaros
    alçando voo.
Montanhas
    que se repetem,
sempre,
    na cor do outono...
Ando de um lado para o outro
    no monte florido:
até quando
    essa melancolia?

木兰柴

秋山敛余照,
飞鸟逐前侣。
彩翠时分明,
夕岚无处所。

O recanto das magnólias

Nos montes outonais,
    quando o sol já se põe,
pássaros se perseguem.
    Fulgores verdes-vivos
pelas encostas
    ao lusco-fusco.

杂诗(其二)

君自故乡来,
应知故乡事。
来日绮窗前,
寒梅著花未?

Você acaba de chegar do lugar onde nasci

Você que acaba de chegar
  do lugar onde nasci:
deve saber de tudo
  o que acontece.
Por favor,
  antes de partir,
viu se na frente da janela com a cortina de seda
  a pequena ameixeira de inverno
já estava florida?

鹿柴

空山不见人,
但闻人语响。
返影入深林,
复照青苔上。

O Parque dos Cervos

Montanha deserta.
    Ninguém à vista.
Só eco de vozes.
    A luz do poente
entre ramagens.
    Sobre o musgo,
um fulgor: verde.

皇甫岳云溪杂题五首·鸬鹚堰

乍向红莲没,
复出清蒲飏。
独立何褵褷,
衔鱼古查上。

O DIQUE DOS MARTINS-PESCADORES

Pouco depois de mergulhar
    no meio das flores rubras de lótus,
já ele volta à tona
    e voa para as águas
    rasas da margem.
De pé, sozinho, limpa
    a plumagem gotejante
e de repente,
    com um peixe no bico,
pousa em um galho à deriva
    e se distancia.

终南别业

中岁颇好道,晚家南山陲。
兴来每独往,胜事空自知。
行到水穷处,坐看云起时。
偶然值林叟,谈笑无还期。

Minha casa na montanha

No meio da vida
    dediquei-me um pouco mais
    ao estudo da Verdadeira Sabedoria.
E ao entardecer
    construí uma casa
    ao pé desta montanha.
Quando tenho vontade,
    sempre sozinho,
    encontro algo belo
    que só eu sei.
Ando até o olho d'água
    e, sentado entre as ervas,
    observo as nuvens em movimento.
Se por acaso
    encontro um velho lenhador,
ficamos de conversa e rimos,
    a ponto de nos esquecermos
de voltar para casa.

戏题盘石

可怜盘石临泉水,
复有垂杨拂酒杯。
若道春风不解意,
何因吹送落花来?

Escrito em um rochedo

Gosto deste rochedo solitário.
    Perto da fonte,
um galho do salgueiro
    roça o meu copo.
Se dissessem
    que a brisa da primavera
não é capaz de entender,
    por que então ela espalha
painas brancas em meus cabelos?

竹里馆

独坐幽篁里,
弹琴复长啸。
深林人不知,
明月来相照。

No bambuzal

Sentado sozinho
    entre bambus,
toco alaúde
    e sigo a melodia.
Longe de tudo,
    ninguém sabe onde estou.
Só a lua
    que me ilumina.

酬张少府

晚年惟好静,
万事不关心。
自顾无长策,
空知返旧林。
松风吹解带,
山月照弹琴。
君问穷通理,
渔歌入浦深。

Resposta ao magistrado Zhang

Tarde na vida,
    só busco a quietude
e consigo me livrar
    de inúmeros incômodos.
Na falta
    de saída melhor,
só me resta voltar
    ao antigo bosque.
O vento nos pinheiros
    solta minha cinta,
e o luar acaricia
    as cordas de minha cítara.
Por que, você pergunta,
    não seguir adiante?
Ah, ouça: vem chegando do lago
    o canto de um pescador.

秋夜独坐

独坐悲双鬓,　空堂欲二更。
雨中山果落,　灯下草虫鸣。
白发终难变,　黄金不可成。
欲知除老病,　唯有学无生。

Sozinho na noite de outono

Sentado, sozinho,
   na sala vazia,
antes de soar
   a segunda vigília,
lamento o branco
   em minhas têmporas.
Na montanha, tombam
   com a chuva as frutas,
e os insetos zumbem
   em volta da candeia.
Impossível impedir
   o branco nos cabelos,
assim como criar ouro:
   como se livrar da idade
e de seus incômodos?
   Melhor começar logo
o estudo do não ser.

终南山

太乙近天都,
连山到海隅。
白云回望合,
青霭入看无。
分野中峰变,
阴晴众壑殊。
欲投人处宿,
隔水问樵夫。

As montanhas de Zhongnan

Picos inatingíveis
    alinhados contra o céu,
se estendendo
    até o mar distante.
As brancas nuvens
    fecham-se por trás,
e as neblinas azuladas,
    por dentro, se adelgaçam.
O pico do meio
    é onde se sustentam
todos os vales,
    claros e escuros, à vista.
Mas onde conseguir
    um lugar para ficar?
Por sobre a torrente
    faço perguntas ao lenhador.

汉江临泛

楚塞三湘接,
荆门九派通。
江流天地外,
山色有无中。
郡邑浮前浦,
波澜动远空。
襄阳好风日,
留醉与山翁。

Vista do rio Hanjiang

Nos limites de Chu,
    três Xiang
e nove afluentes
    jogam-se no Yangzi.
Vistas daqui, as torrentes
    são um mundo à parte
com a tonalidade dos montes
    entre o ser e a ausência.
As cidades levitam
    seguindo a costa
com as vagas agitando
    o espaço sem fim.
Tempo agradável
    aqui em Xiangyang.
Melhor ainda encontrar um conhecido
    e sair para beber!

栾家濑

飒飒秋雨中,
浅浅石榴泻。
跳波自相溅,
白鹭惊复下。

A TORRENTE DE LUAN

O vento açoita
    as chuvas do outono.
A água, rápida a correr,
    contra rochas se bate:
torvelinho de espuma
    e de respingos
e o terror da garça,
    que alça voo e logo pousa.

孟城坳

新家孟城口,
古木馀衰柳。
来者复为谁,
空悲昔人有。

A GARGANTA DE MENGCHENG

Minha nova casa
    na garganta de Mengcheng
onde velhas árvores
    e salgueiros ainda resistem.
Quem nela vai morar,
    quando eu me for?
Ah, preocupações vãs
    com coisas tão passageiras!

临湖亭

轻舸迎上客,
悠悠湖上来。
当轩对樽酒,
四面芙蓉开。

Quiosque à beira d'água

O pequeno barco recebe
    um ilustre visitante,
e sossegado
    desliza pelo lago.
Chegamos. Brindemos agora,
    frente à janela,
no meio das flores de lótus,
    abertas em tua homenagem.

白石滩

清浅白石滩,
绿蒲向堪把。
家住水东西,
浣纱明月下。

Leito de cascalho

Água transparente
    no leito branco de cascalho.
Juncos verdes oferecendo-se
    a quem quiser colhê-los.
Nossas casas espalhadas
    junto de águas claras.
Aqui lavamos nossas roupas
    em noites de luar.

渭川田家

斜光照墟落，穷巷牛羊归。
野老念牧童，倚杖候荆扉。
雉雊麦苗秀，蚕眠桑叶稀。
田夫荷锄至，相见语依依。
即此羡闲逸，怅然吟式微。

LAVRADORES NO RIO WEICHUAN

O pôr do sol resplandece
    na aldeia.
O gado chega,
    de volta pela trilha.
O avô, de bengala,
    junto ao portão da vinha,
perto dos espinheiros,
    espera pelo menino pastor.
Os faisões chamam.
    O trigo flameja.
Nas amoreiras nuas,
    dormem os bichos-da-seda.
Com enxadas nos ombros
    os lavradores retornam.
Alegres, reencontram-se,
    e jogam conversa fora.
Atrás dessa vida tranquila,
    um dia aqui cheguei;
e, suspirando, lhe digo:
    se tudo vai de mal a pior,
venha e fique também.

新晴野望

新晴原野旷， 极目无氛垢。
郭门临渡头， 村树连溪口。
白水明田外， 碧峰出山后。
农月无闲人， 倾家事南亩。

Paisagem passada a limpo

Céu limpo.
    Planície vasta.
Até onde a vista alcança,
    tudo limpo, limpo.
A porta da aldeia
    de frente para o riacho,
e as árvores, bem verdes,
    entre a corrente e as casas.
Brilhos de águas claras
    recortam o campo.
Mais além, montes verdejam
    e sobre outros montes se alçam.
Tempo da semeadura;
    todo mundo está fora de casa
nos campos do Sul.

相思

红豆生南国,
春来发几枝。
愿君多采撷,
此物最相思。

SAUDADE

O feijão roxinho
    dá melhor nas terras do Sul,
e na primavera,
    brotam, tenros, os ramos.
Colha pra mim
    o máximo que puder:
pra matar saudade,
    não tem coisa melhor.

IMPRESSÃO:

Pallotti
GRÁFICA EDITORA
IMAGEM DE QUALIDADE

Santa Maria - RS - Fone/Fax: (55) 3220.4500
www.pallotti.com.br